Origami Kendaraan

Desain Origami/*Origami designs*: Hadi Tahir & Harri Thaha

Ilustrasi/*Illustrations*: Hadi Tahir

http://haditahir.wordpress.com
http://www.haditahir.com
https://www.youtube.com/hadhart

Oktober 2019

Daftar Isi
Content

Pendahuluan *Preface* — v
Simbol-simbol Pelipatan *Folding Symbols* — vi
Grid — 1

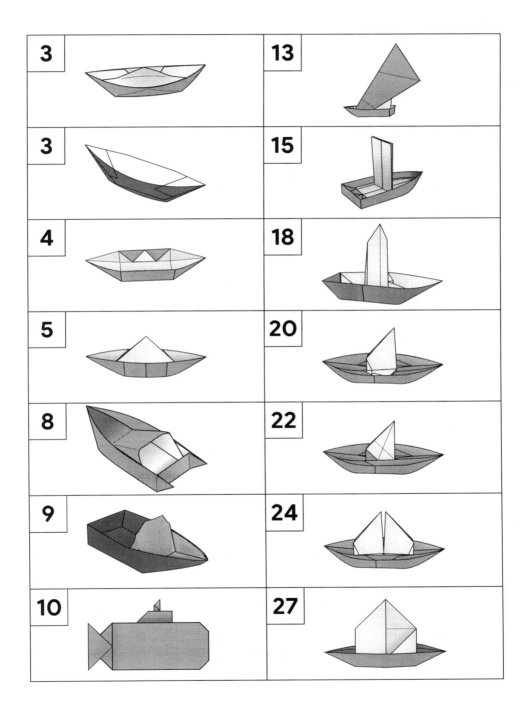

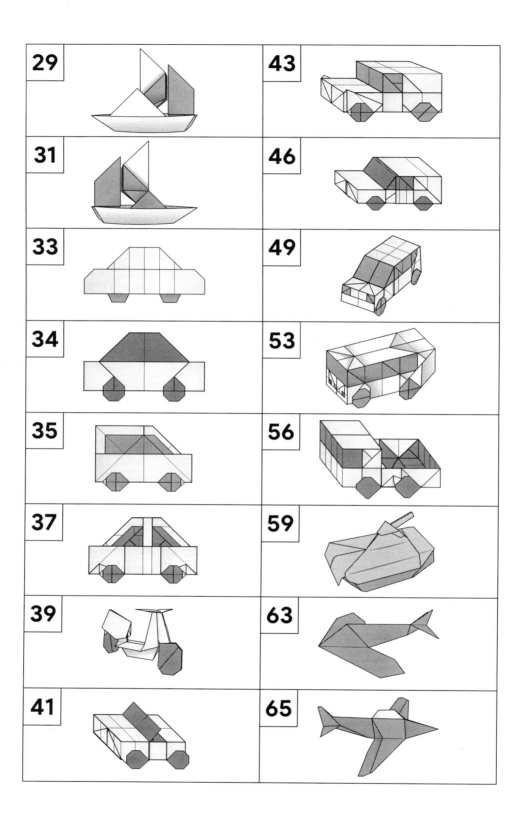

Pendahuluan

Kertas digunakan dalam banyak kegunaan di kehidupan sehari-hari, salah satunya untuk bermain, seperti bermain dengan perahu, pesawat ataupun mobil-mobilan dari kertas.

Sudah lama masyarakat mengetahui caranya melipat perahu kertas, tentu saja model perahu kertas tradisional yang sudah turun-temurun.

Dalam buku ini, akan diperkenalkan kembali beberapa model tradisional dan akan memperkenalkan model-model baru. Model tradisional perlu untuk disertakan, supaya masyarakat tidak lupa akan model-model tradisional yang ada, selain sebagai cara untuk belajar melipat perahu kertas, sebelum memulai melipat model-model yang lebih baru.

Model-model baru yang diperkenankan adalah desain dari penulis sendiri (kecuali jika dikatakan lain). Model baru diperkenalkan agar masyarakat dapat melipat lebih beragam model origami.

Model-model origami di buku ini terdiri atas model yang mudah hingga model yang sulit. Tuntutan jenis kertas pada model yang mudah dapat berbeda dengan model yang sulit. Beberapa model akan sulit dibuat dengan kertas origami biasa dan memerlukan kertas yang lebih tipis (contoh kertas yang cukup tipis adalah kertas roti. Beberapa *origamist* 'membuat' kertasnya sendiri untuk keperluan ini).

Diagram origami itu terkadang seperti teka-teki. Jika ada langkah yang susah untuk dimengerti, lihatlah langkah selanjutnya supaya bisa memahami.

Akhir kata, semoga apa yang disajikan dalam buku ini dapat dipahami dan dapat bermanfaat bagi semua.

Terima kasih banyak :)

Simbol-simbol Pelipatan
Folding Symbols

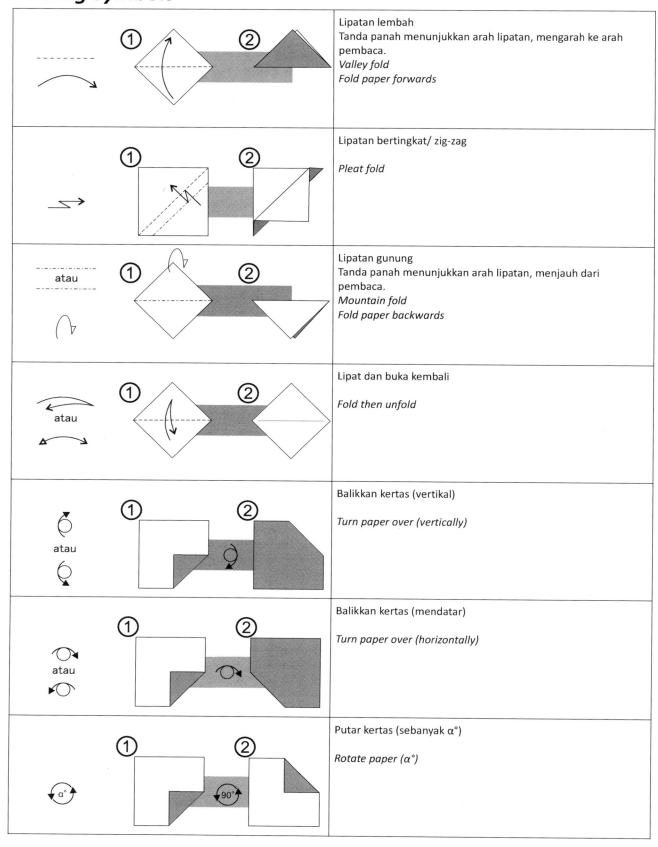

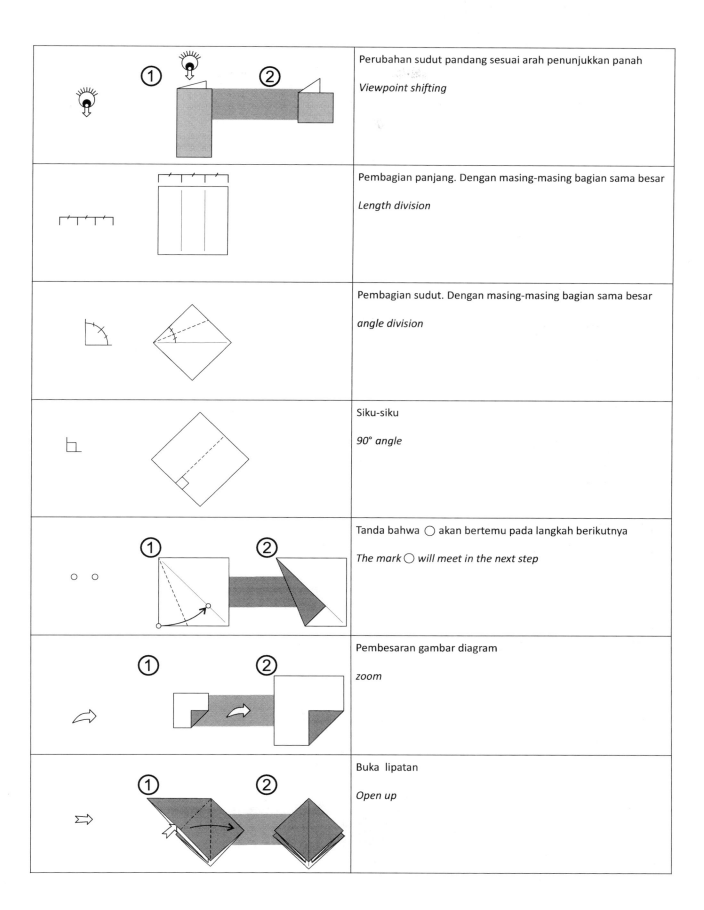

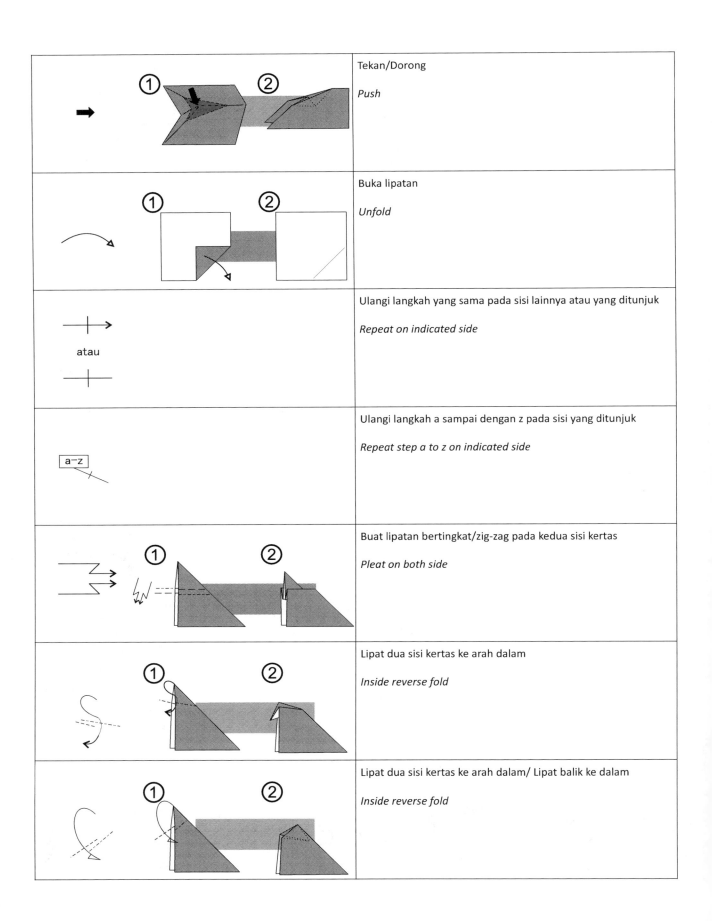

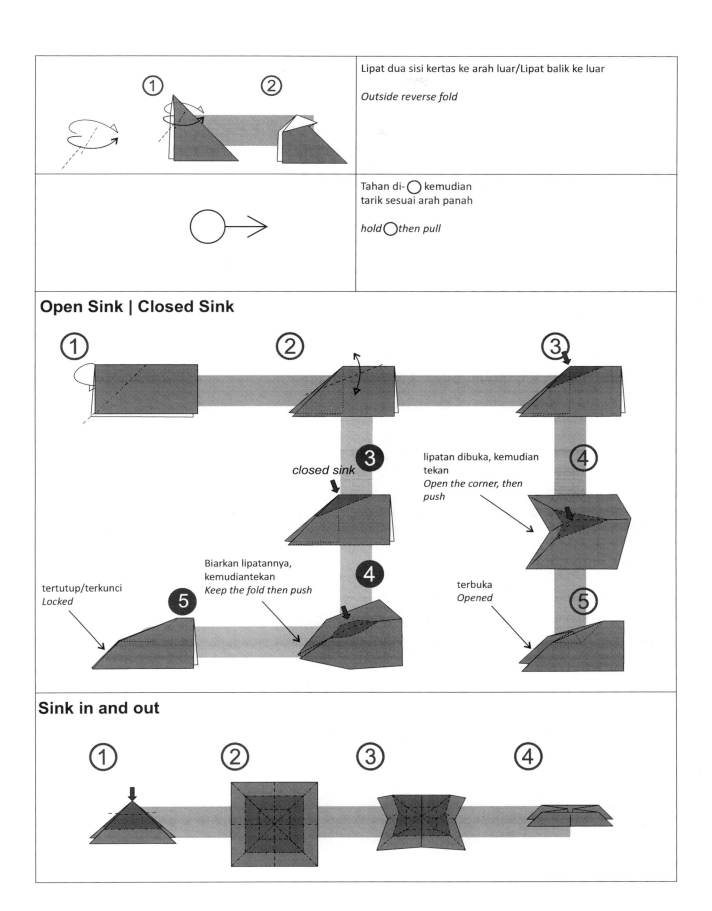

Origami Harri Hadi
https://youtube.com/hadhart

SUBSCRIBE & SHARE

Grid

https://haditahir.wordpress.com/tag/divisi/

Beberapa model di buku ini dimulai dengan grid 5×5 ataupun 9×9. Bagaimana caranya untuk mendapatkan grid 5×5 dan 9×9 itu? perhatikan gambar di bawah ini:

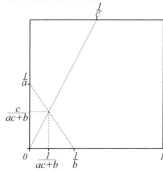

Jadi untuk mendapatkan grid 5×5 dapat dilakukan dengan $a=2$, $b=1$ dan $c=2$, seperti di bawah ini:

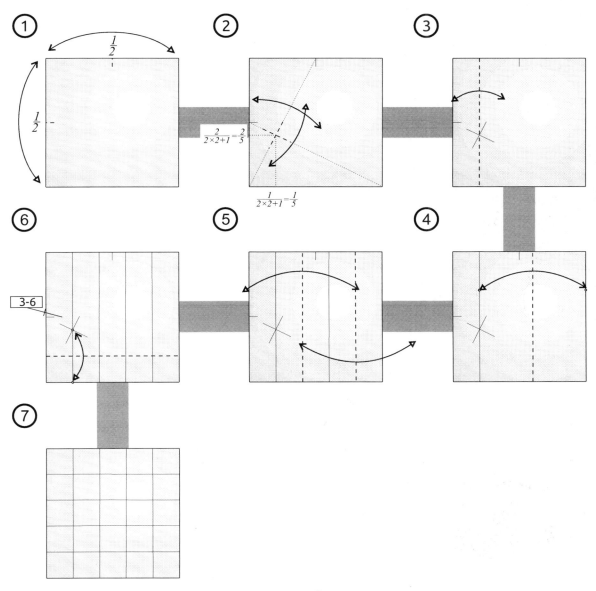

Sedangkan untuk mendapatkan grid 9×9 dapat dilakukan dengan a=4, b=1 dan c=2, seperti di bawah ini:

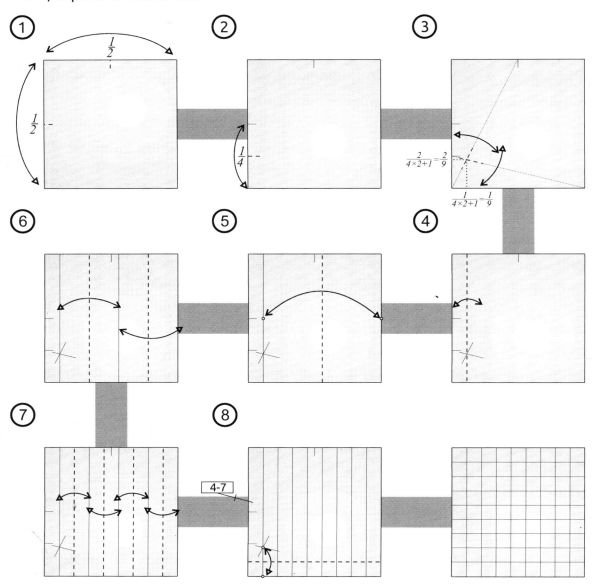

Penjelasan selengkapnya bisa dilihat di
https://haditahir.wordpress.com/2015/05/12/

Perahu
Boat

Tradisional/*Traditional*

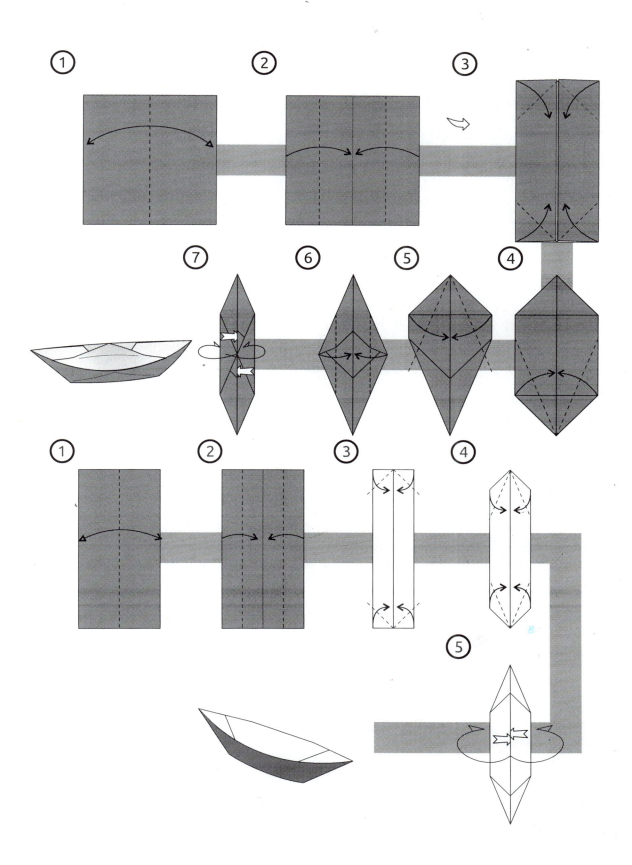

Perahu
Boat

modifikasi dari model tradisional, 12-2018
modified tratditional model

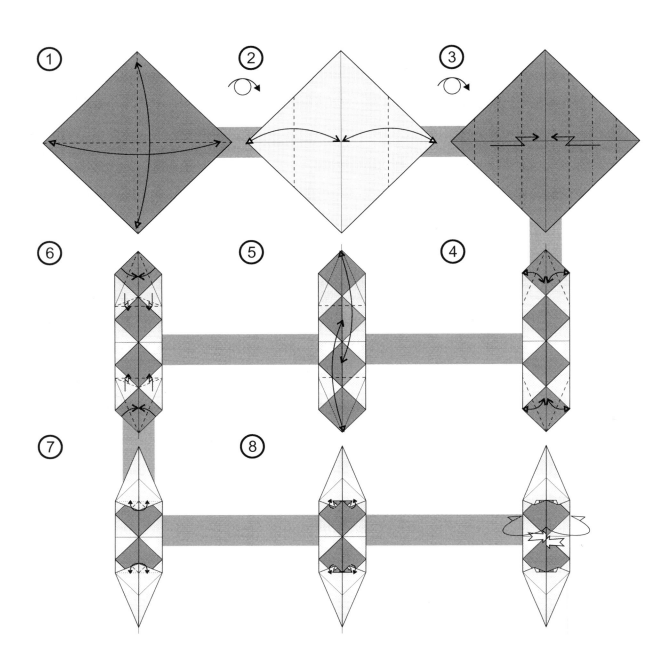

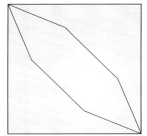

rasio kertas dan model jadi

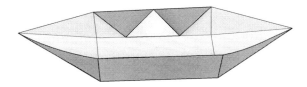

Perahu Layar
Sailboat

3-6-2016

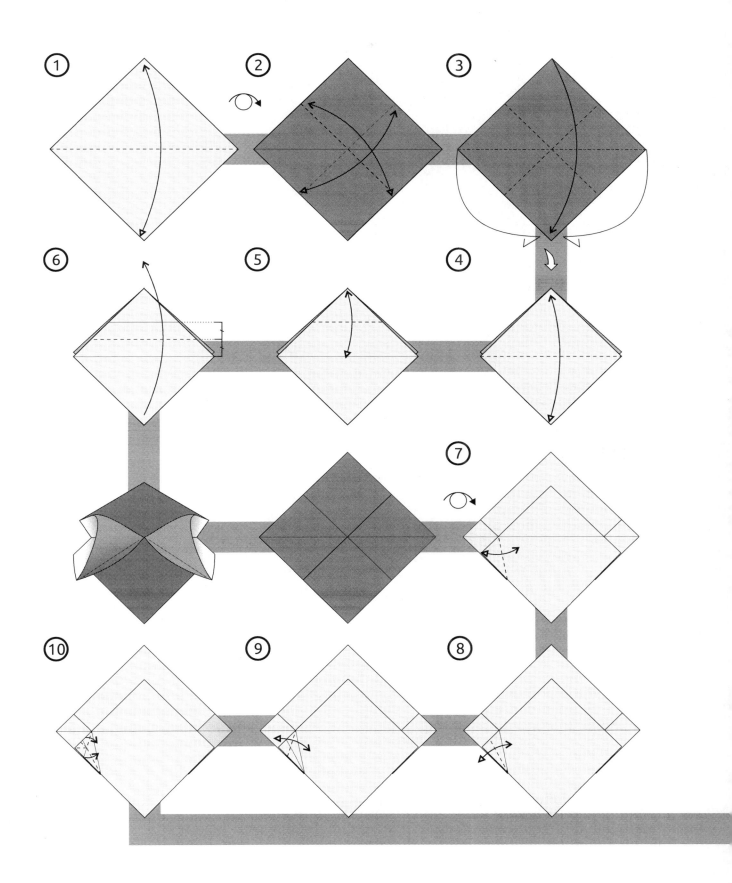

-5-

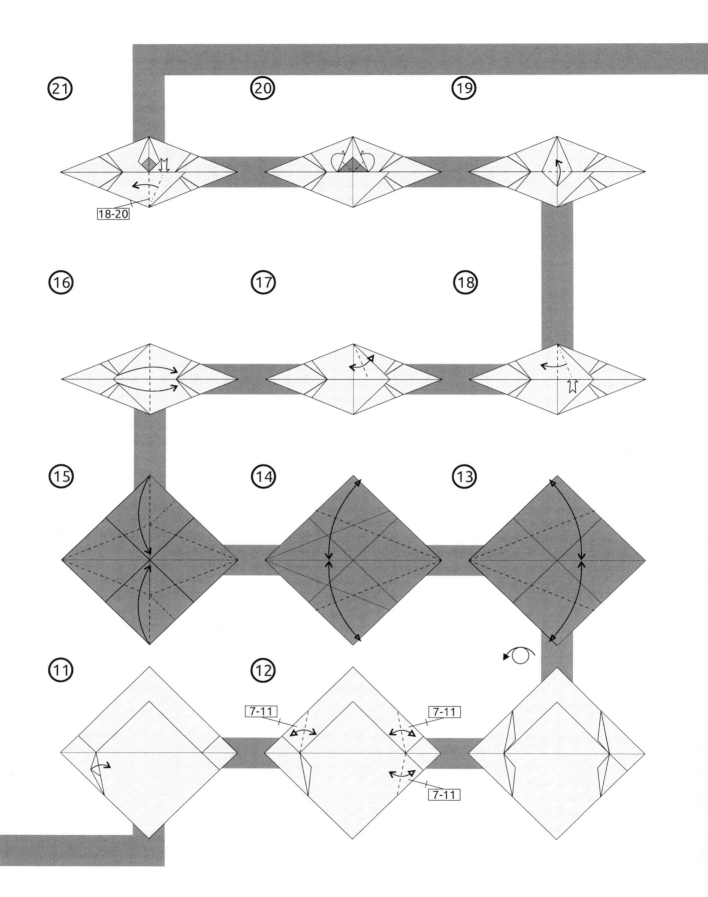

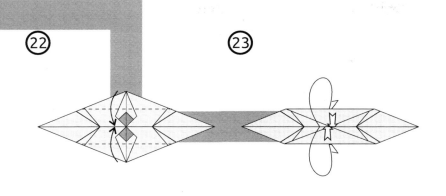

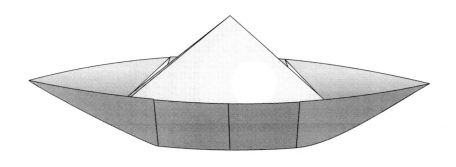

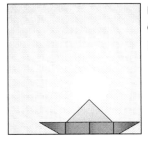
rasio kertas dan model jadi

-7-

Perahu Motor
Motorboat

tradisional

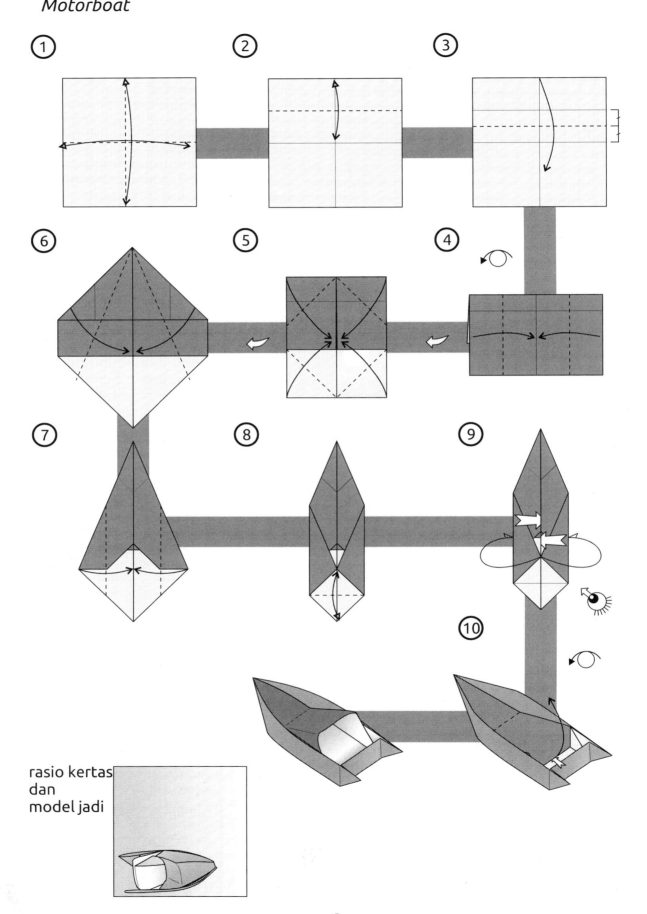

rasio kertas dan model jadi

Perahu Motor
Motorboat

3-8-2018

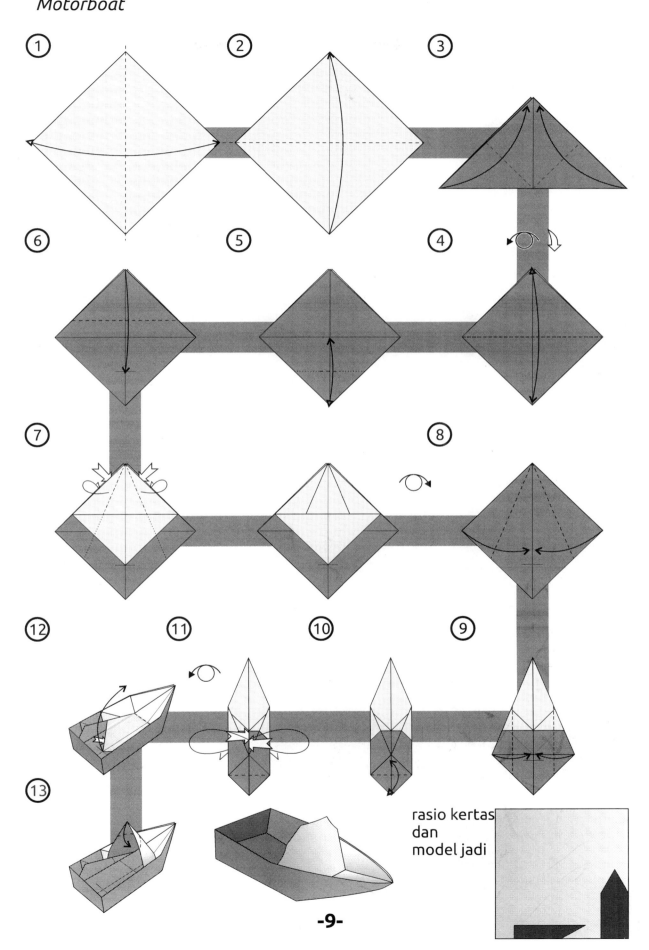

rasio kertas dan model jadi

Kapal selam
Submarine

21-2-2018

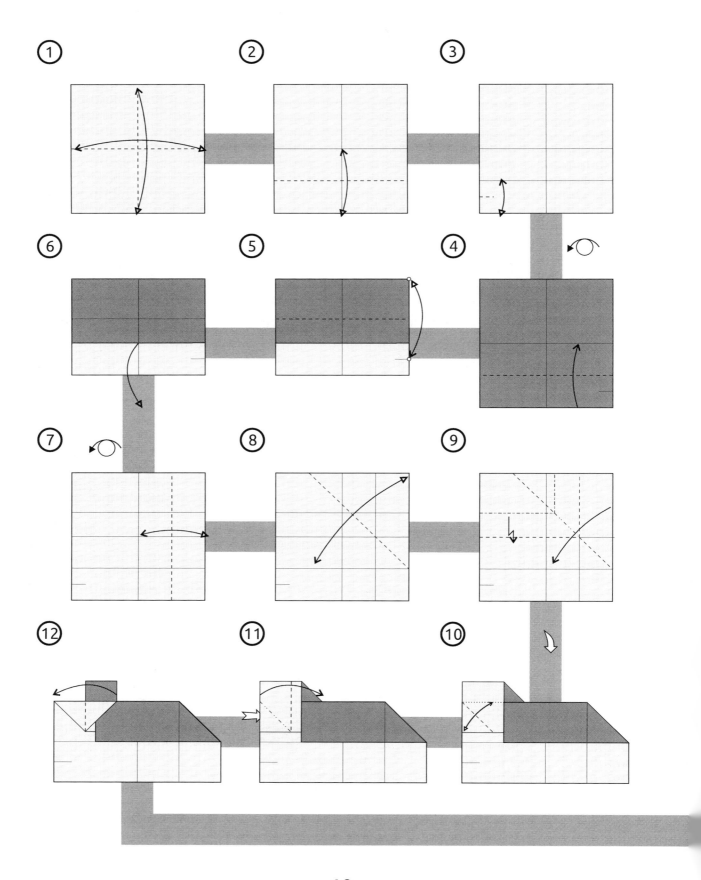

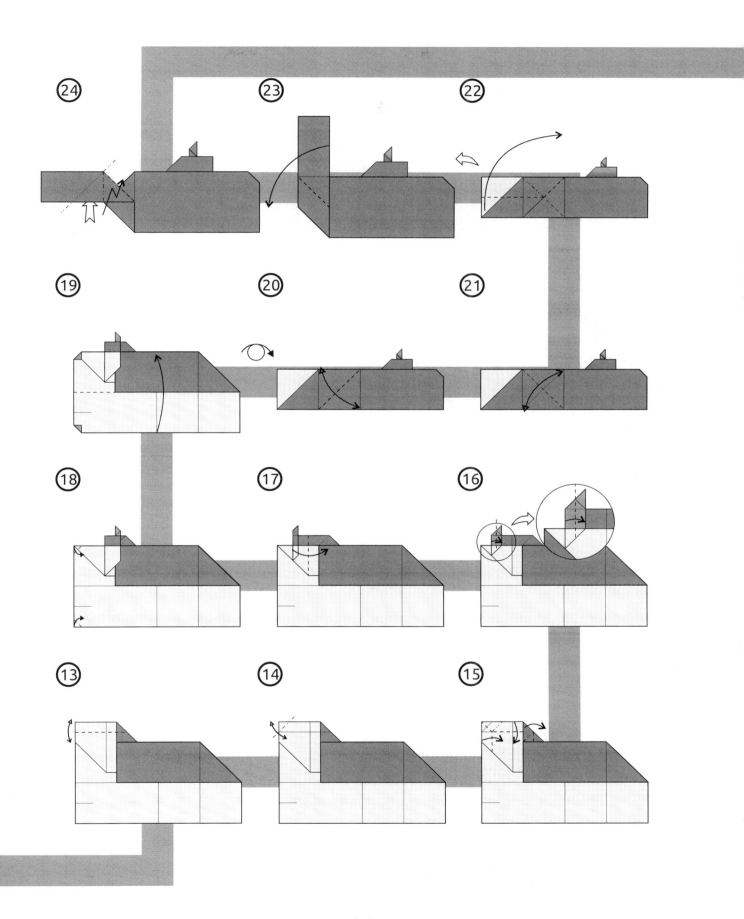

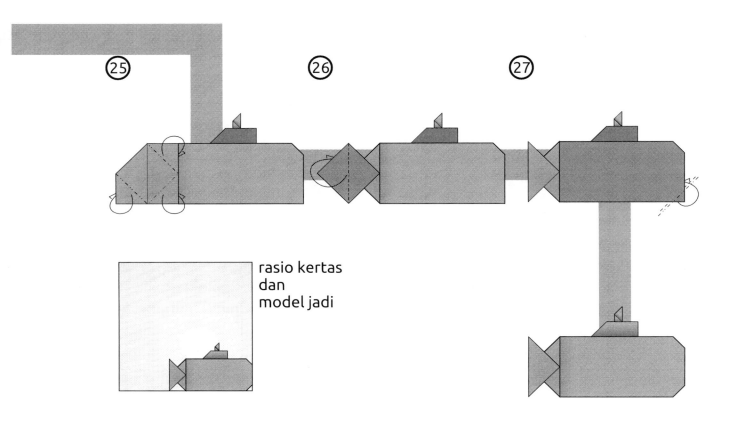

rasio kertas
dan
model jadi

Perahu Layar
Sailboat

28-1-2014

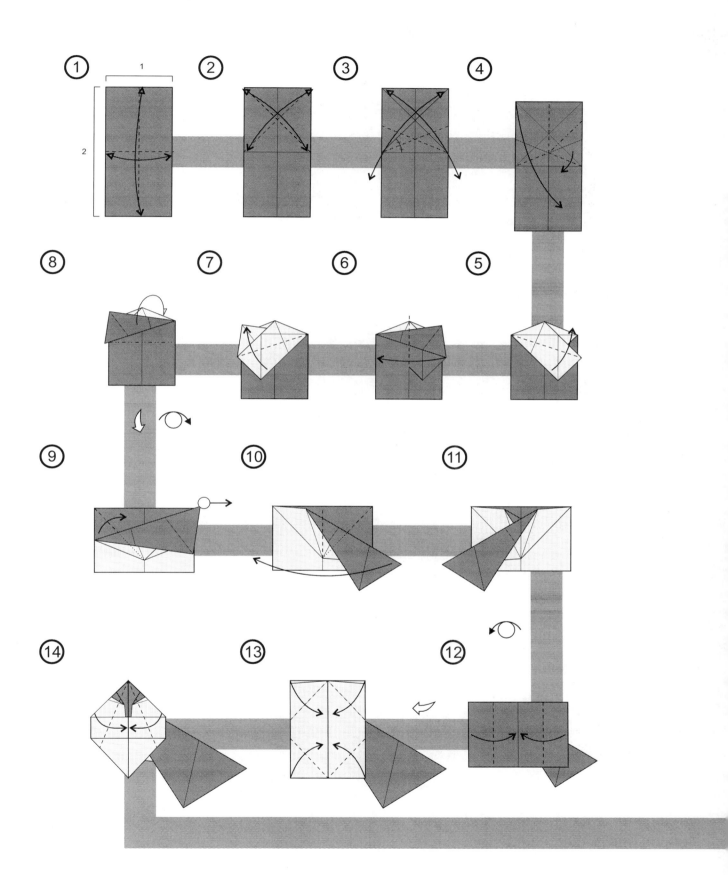

rasio kertas dan model jadi

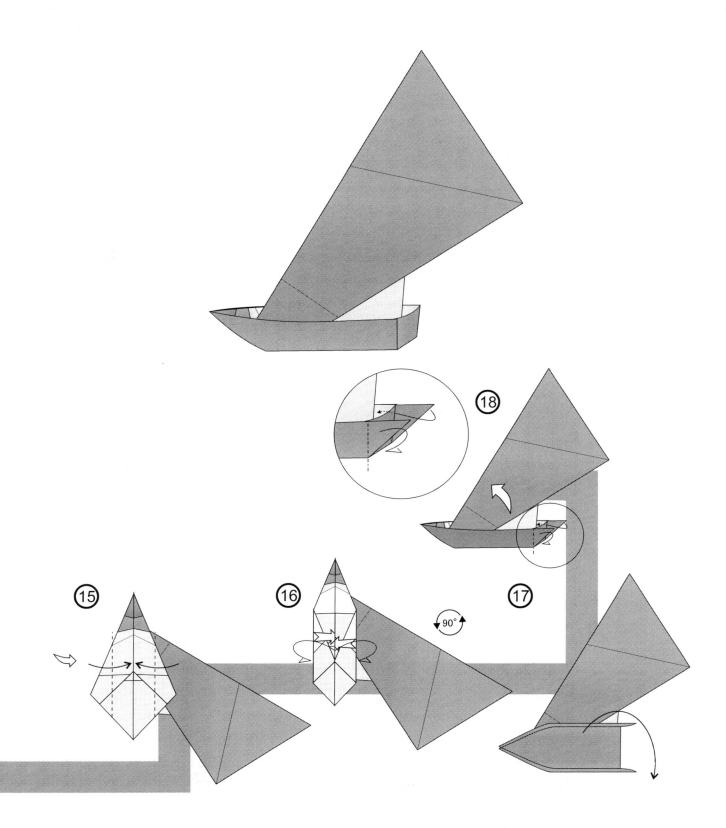

Perahu Layar
Sailboat

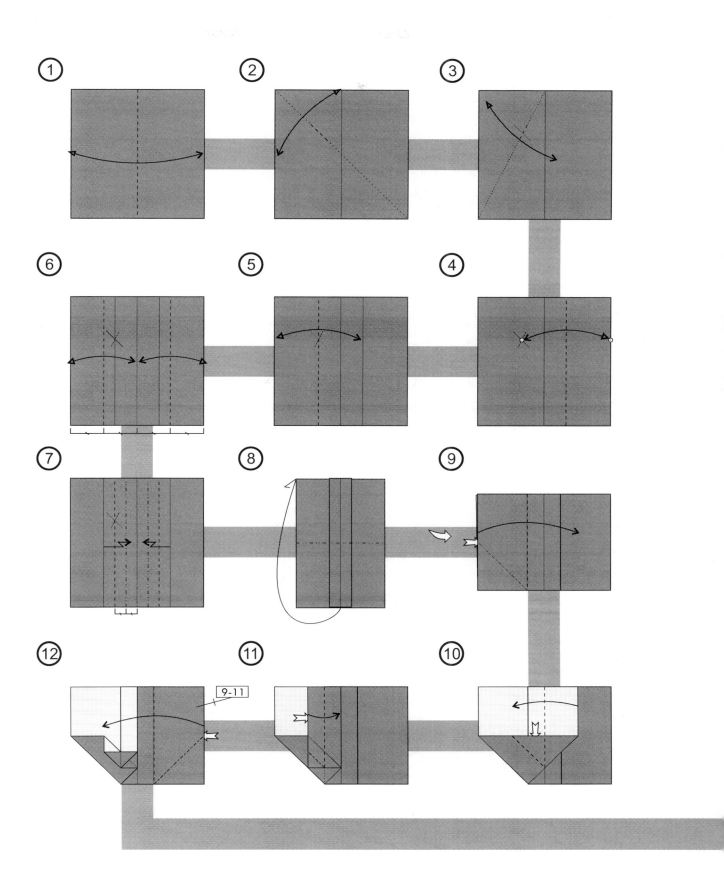

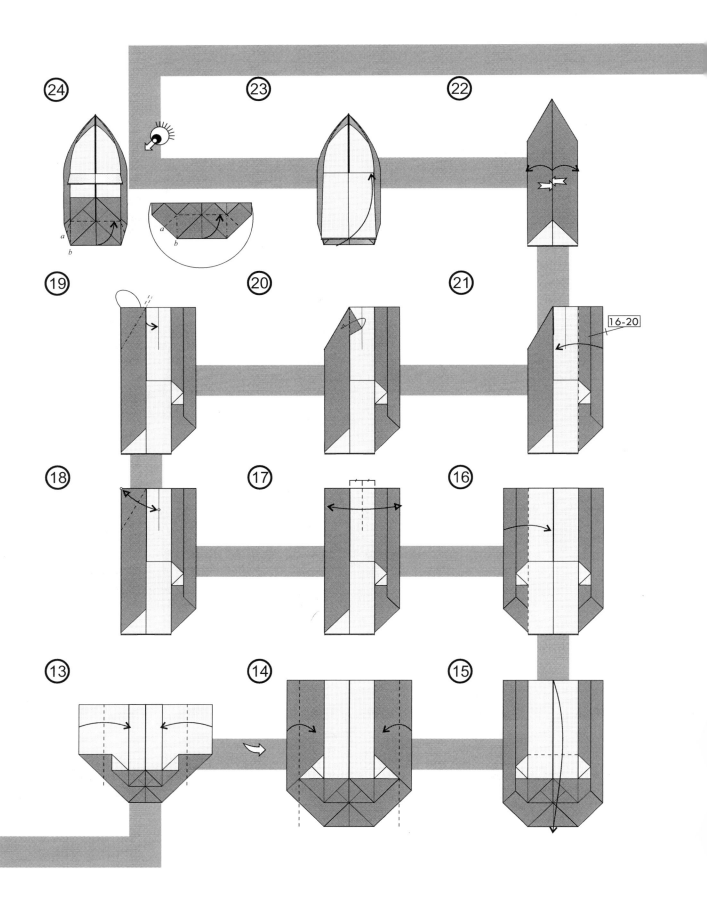

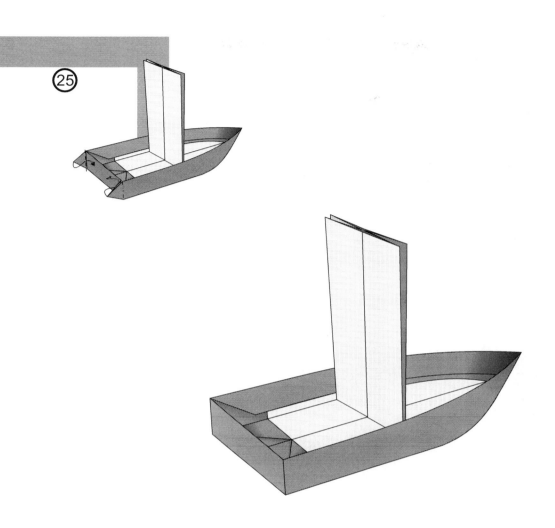

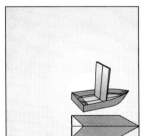

rasio kertas dan model jadi

Perahu Layar
Sailboat

28-10-2017

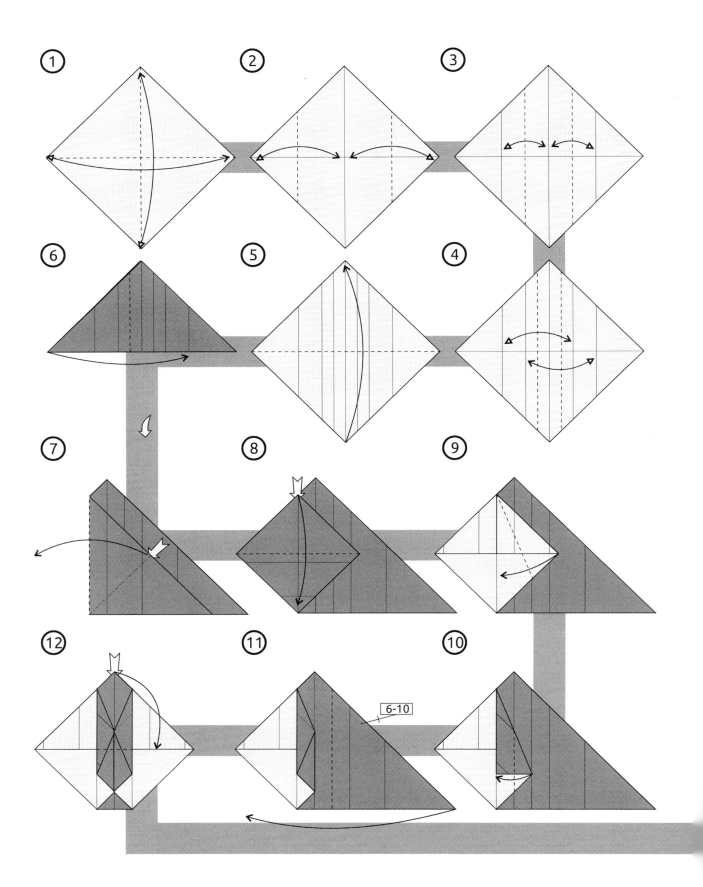

-18-

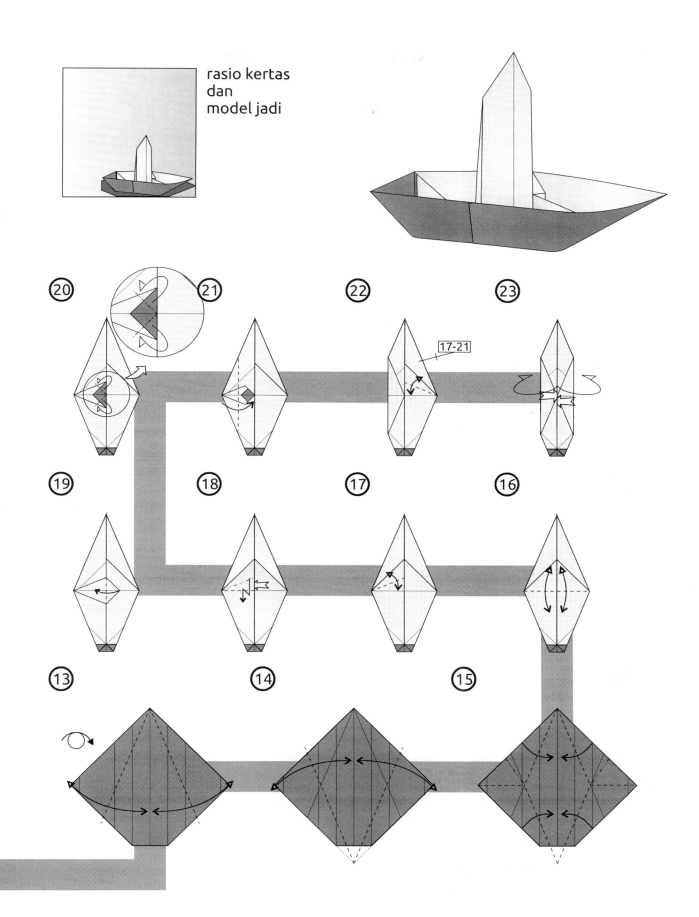

rasio kertas dan model jadi

Perahu Layar
Sailboat

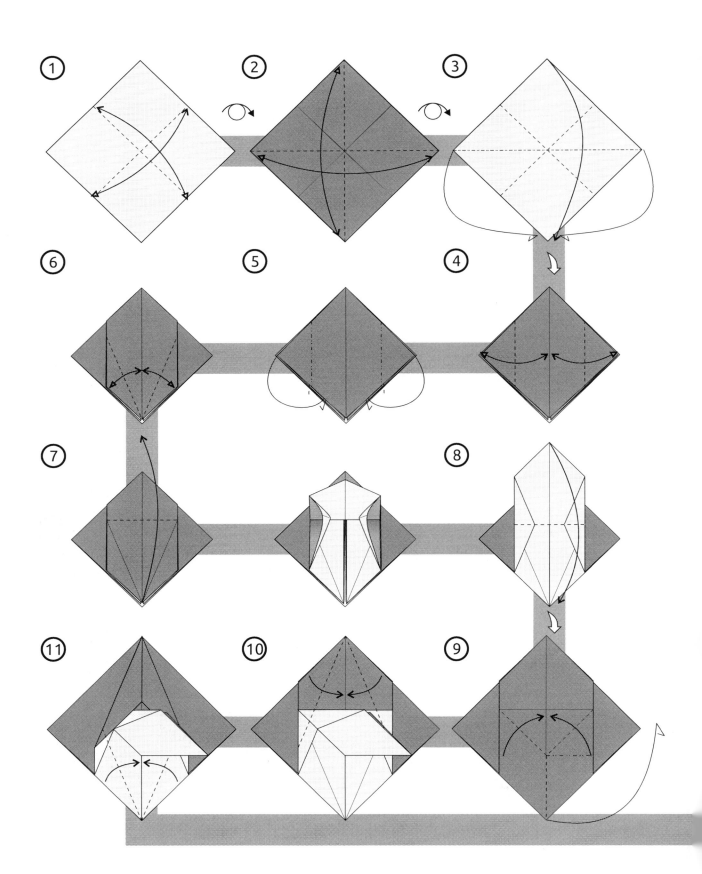

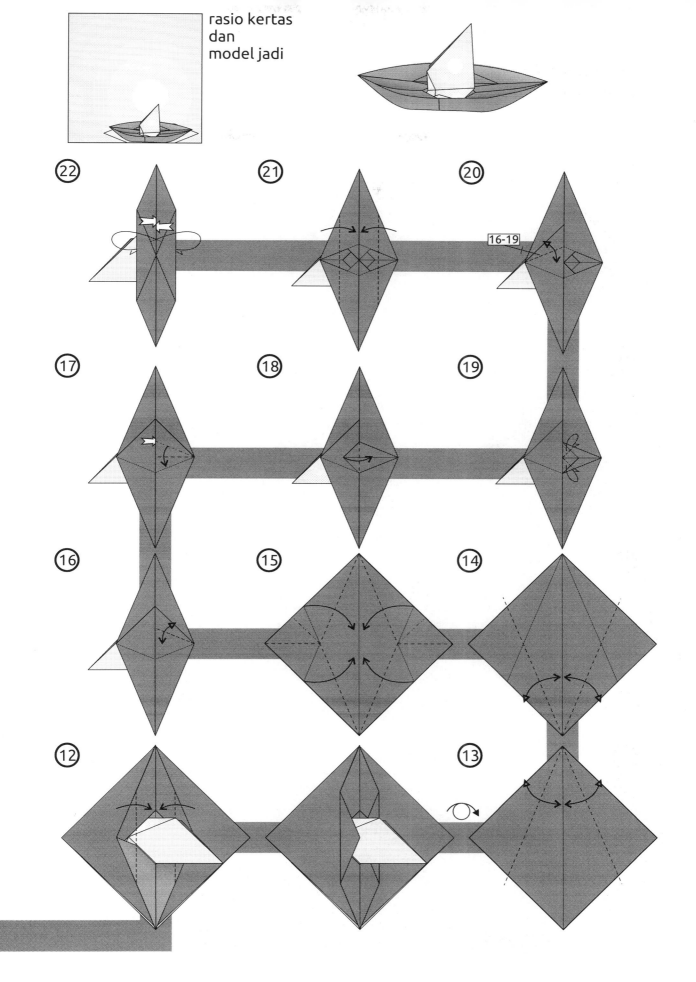

Perahu Layar
Sailboat

23-9-2017

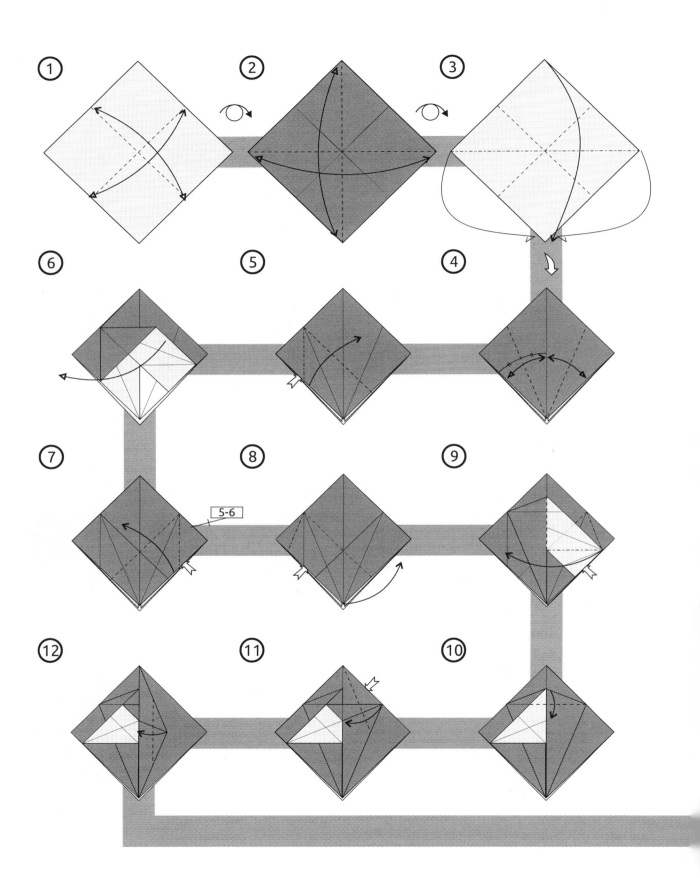

-22-

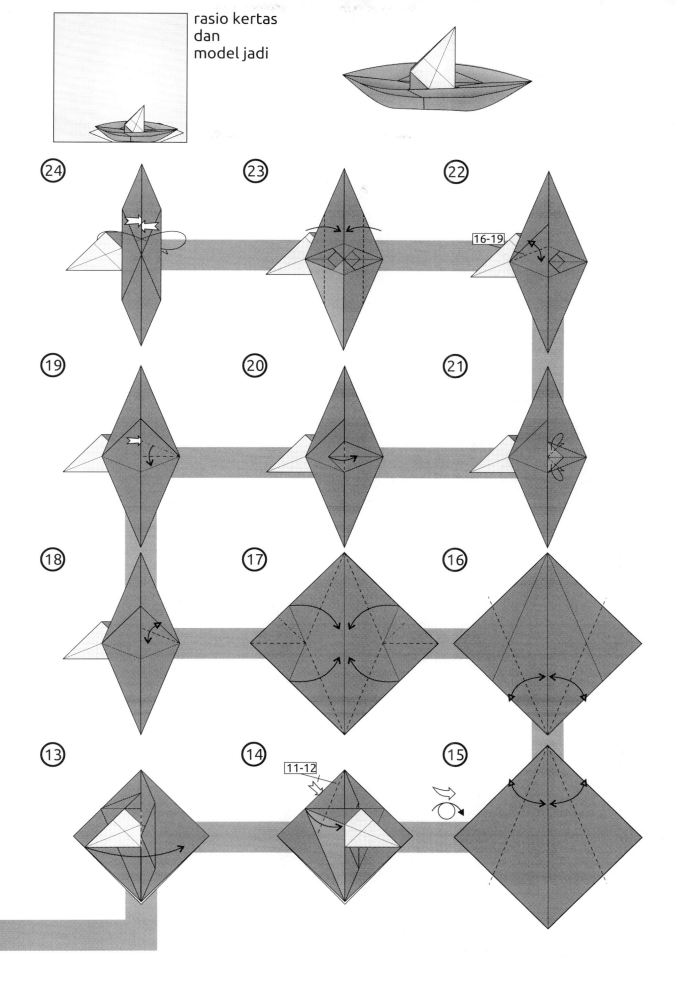

Perahu Layar
Sailboat

16-4-2016

Gunakanlah kertas yang tipis
thin paper recommended

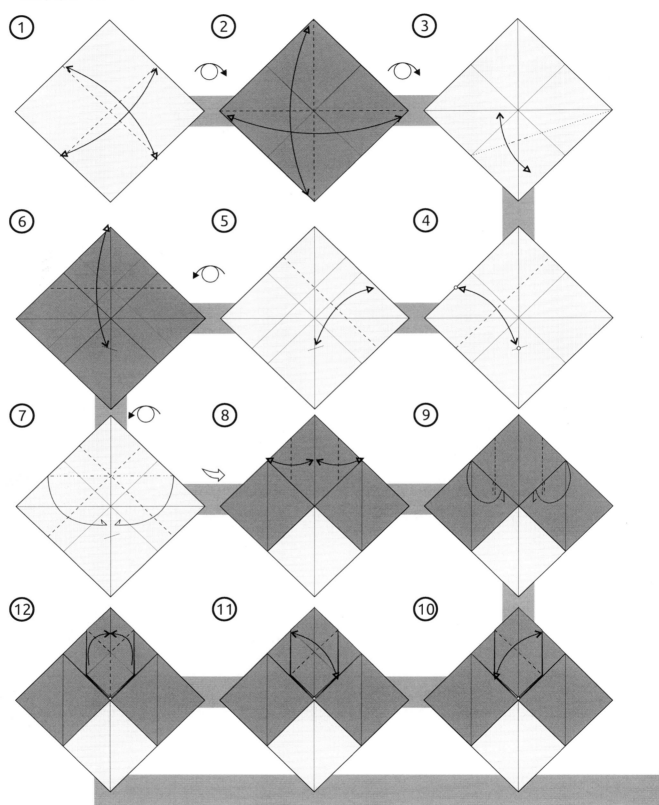

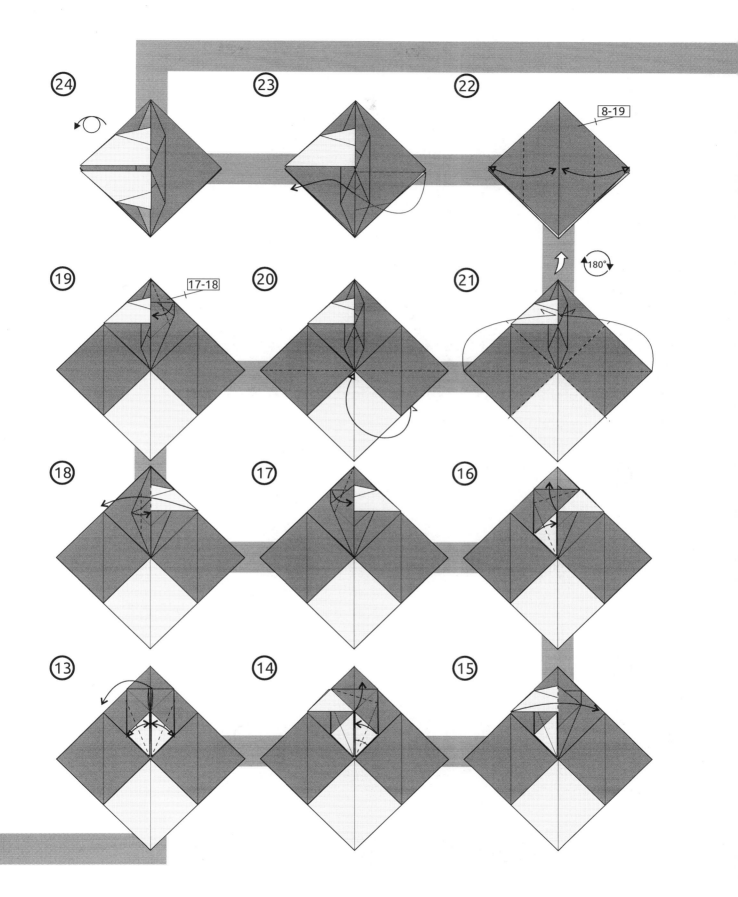

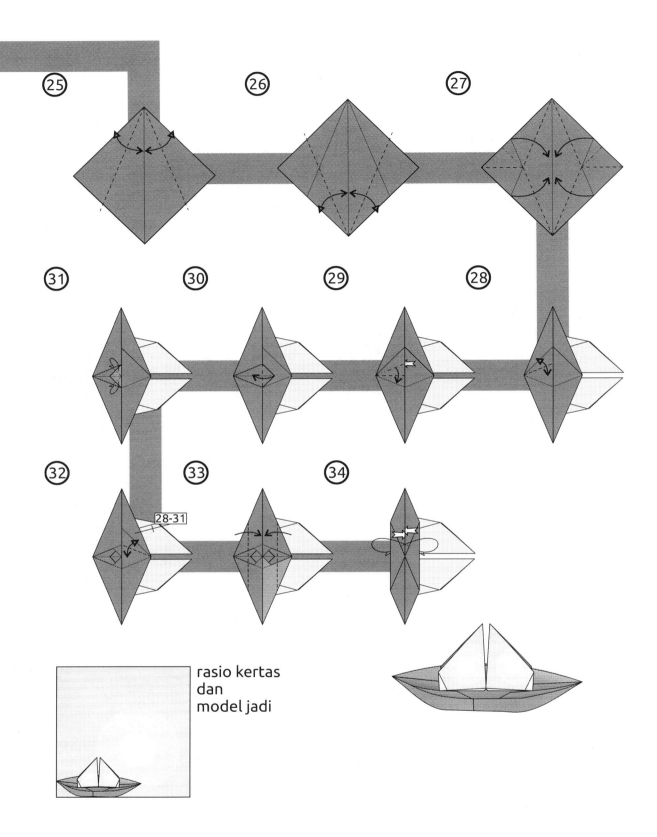

rasio kertas dan model jadi

Kapal Layar
Sailship

8-6-2016

Gunakanlah kertas yang tipis
thin paper recommended

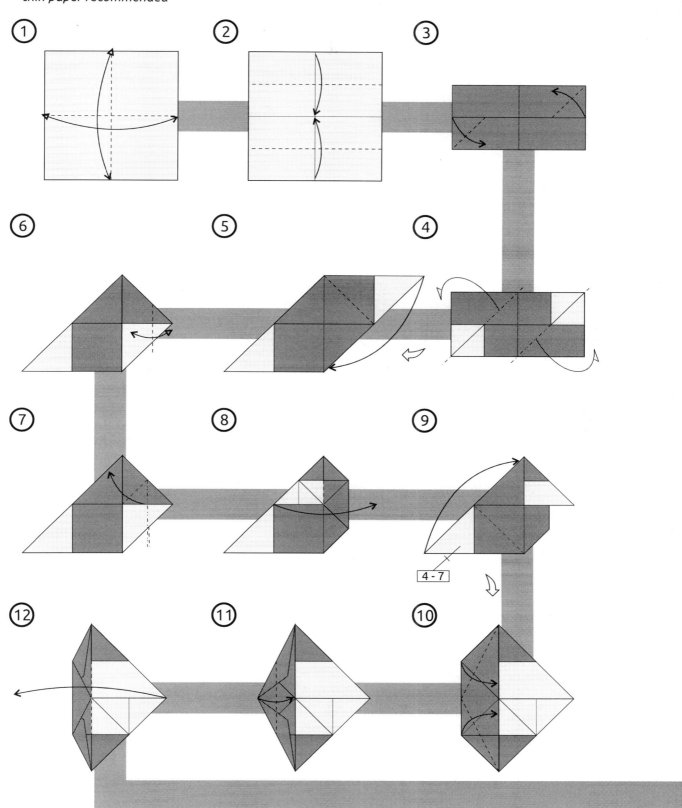

-27-

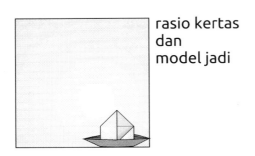
rasio kertas dan model jadi

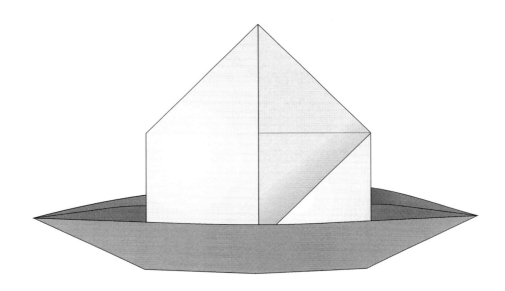

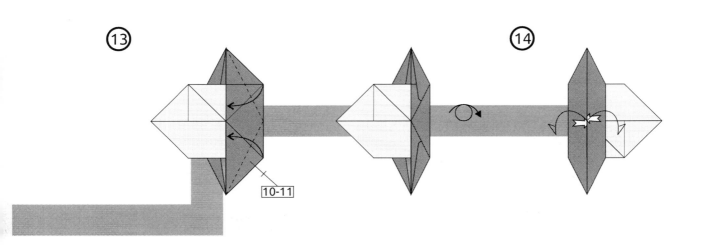

Kapal Layar
Sailship

20-1-2014

Gunakanlah kertas yang tipis
thin paper recommended

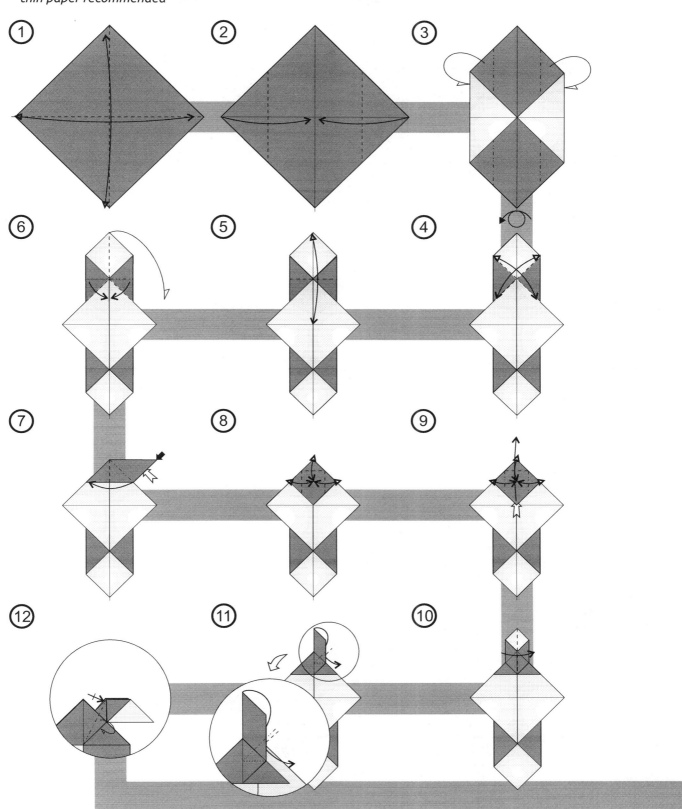

-29-

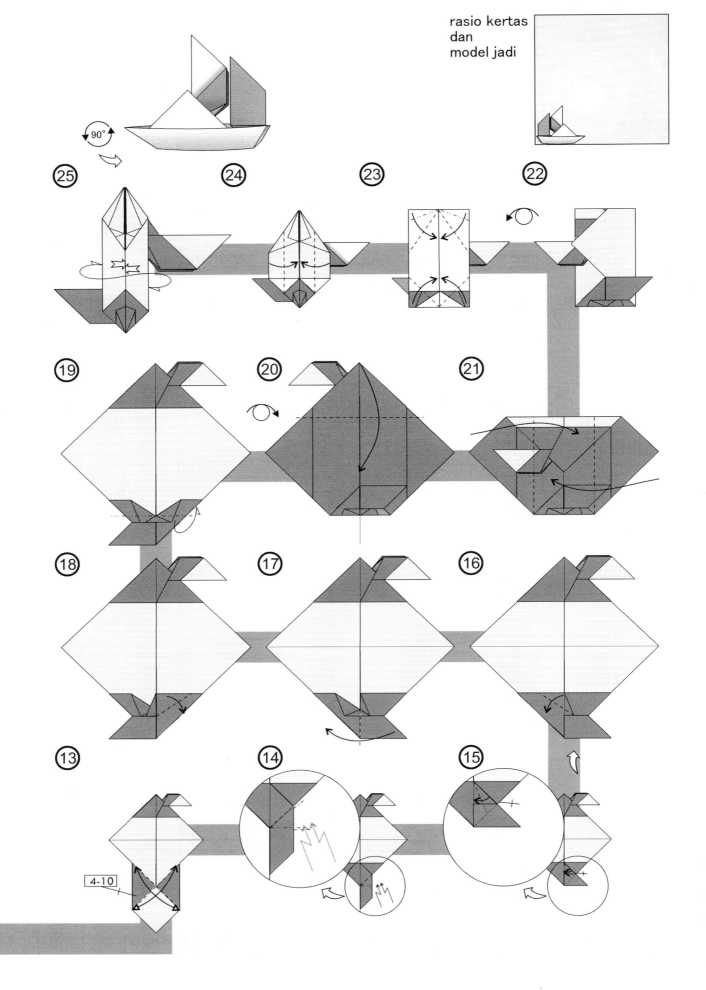

Kapal Layar
Sailship

5-2-2014

Gunakanlah kertas yang tipis
thin paper recommended

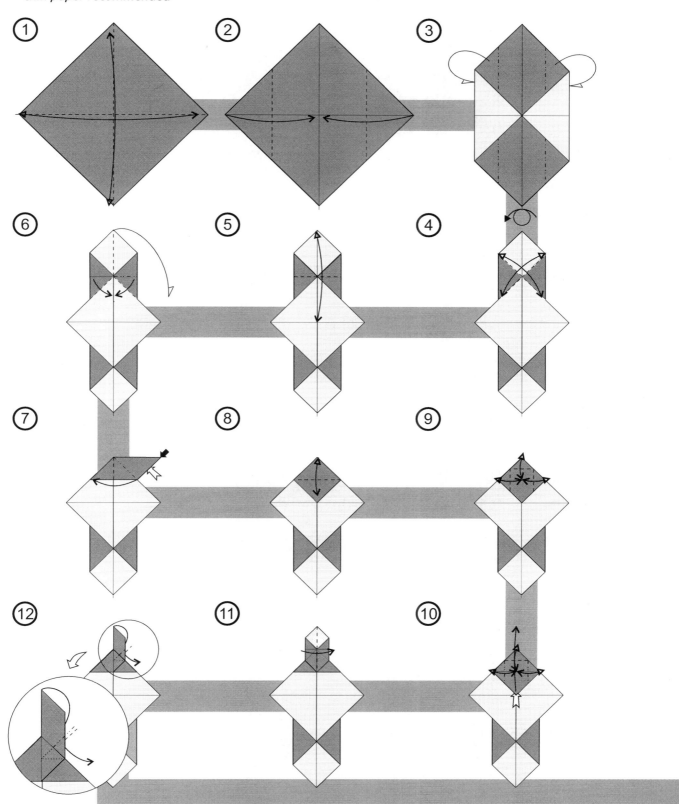

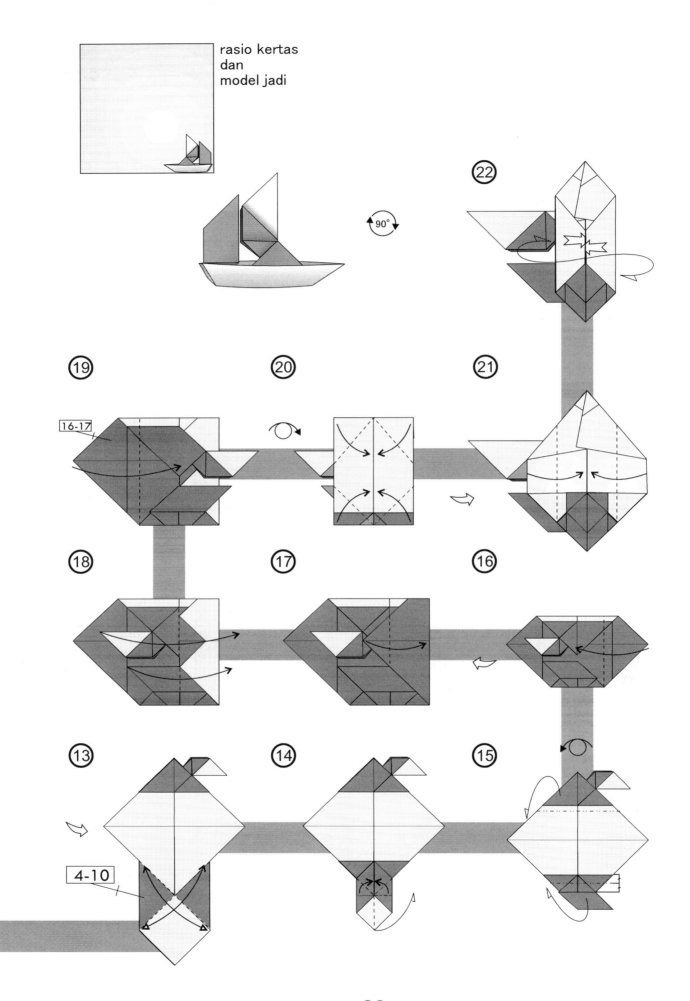

Mobil
Car

25-9-2017

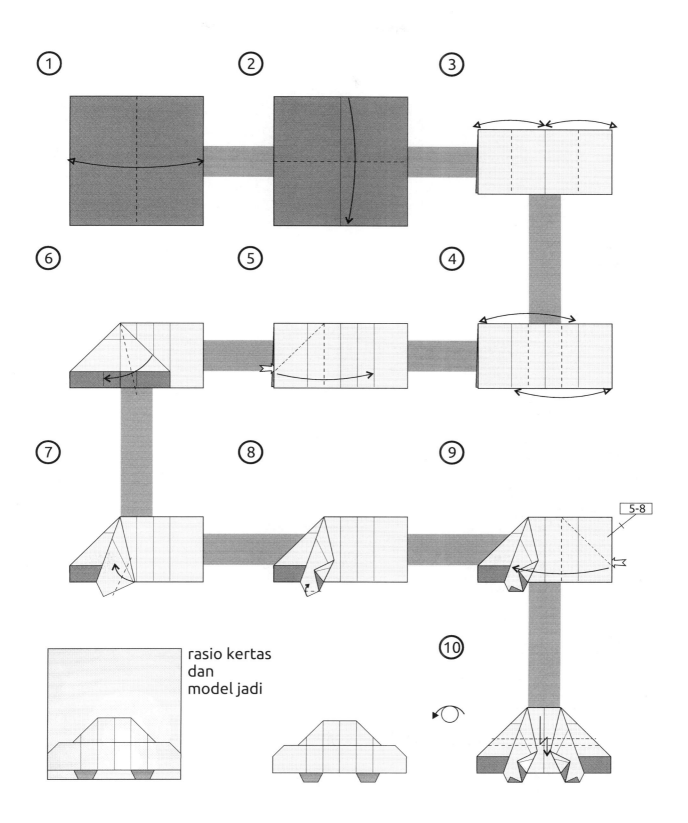

rasio kertas dan model jadi

Mobil
Car

12-2-2018

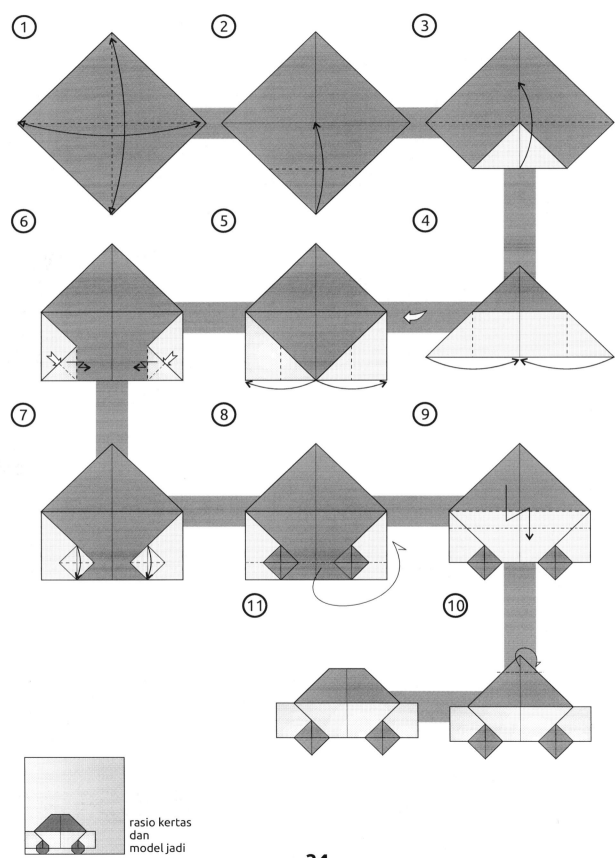

-34-

Mobil
Car

7-2-2019

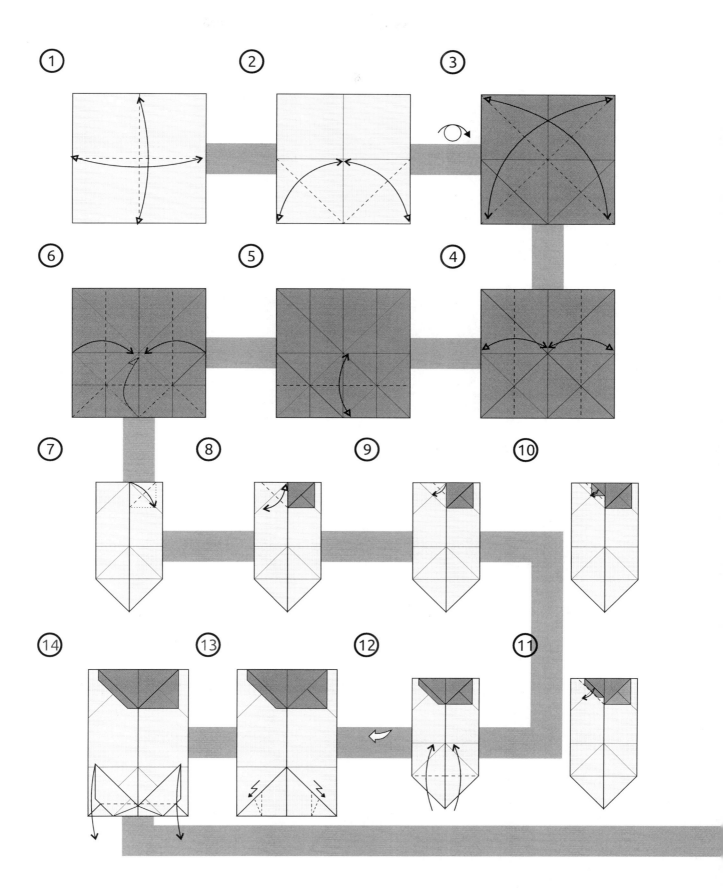

-35-

rasio kertas dan model jadi

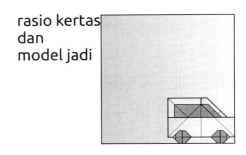
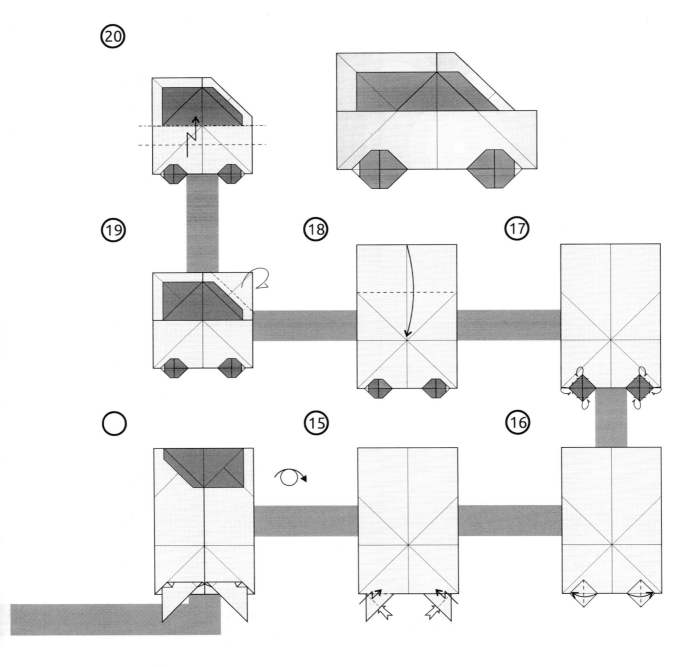

-36-

Mobil
Car

30-11-2017

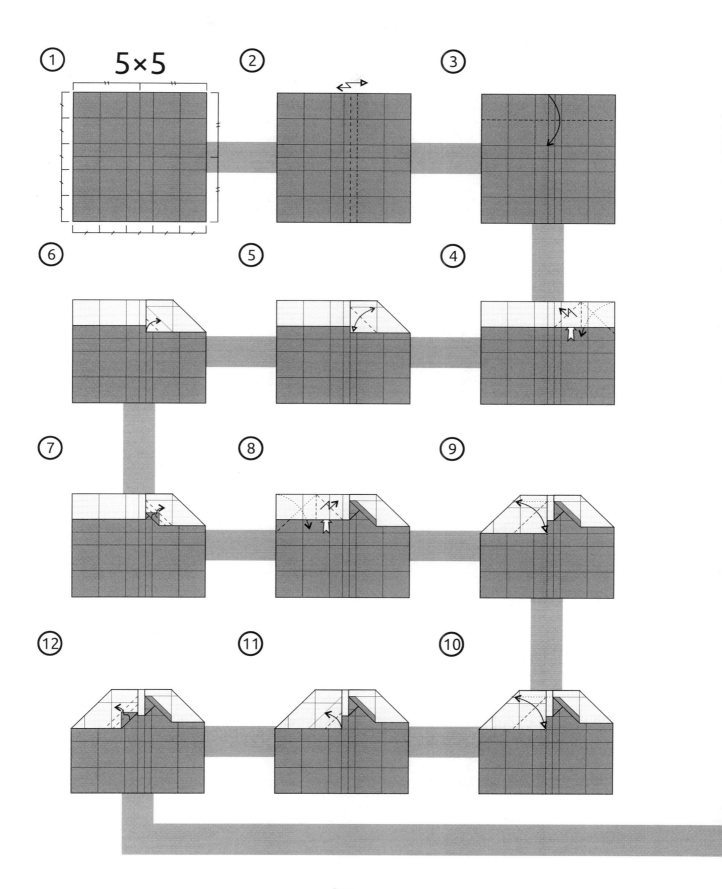

-37-

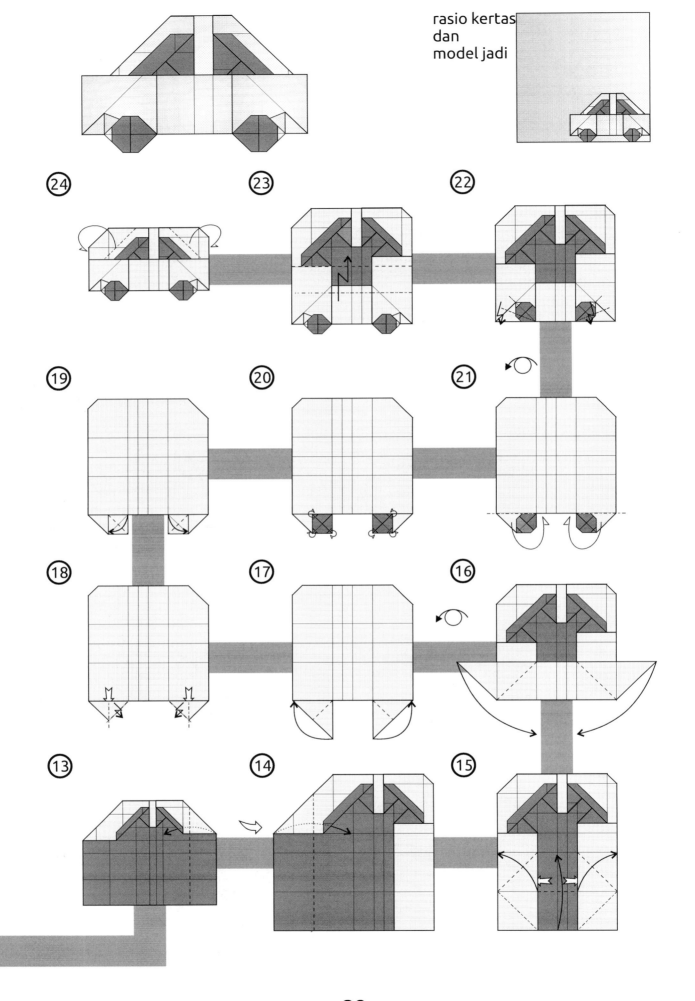

Motor Skuter
Scooter

Harri Thaha
24-3-2018

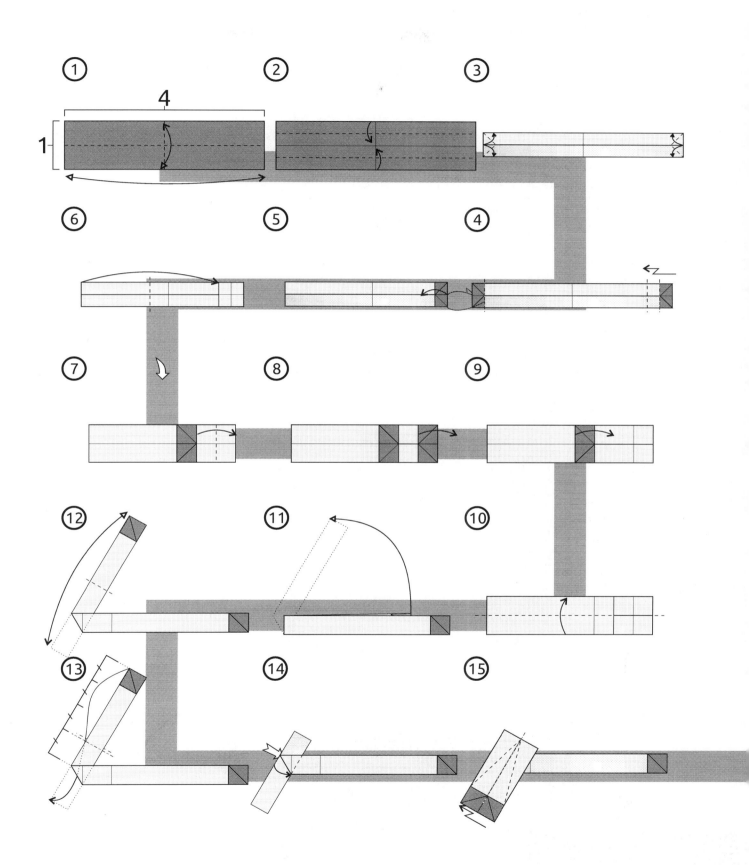

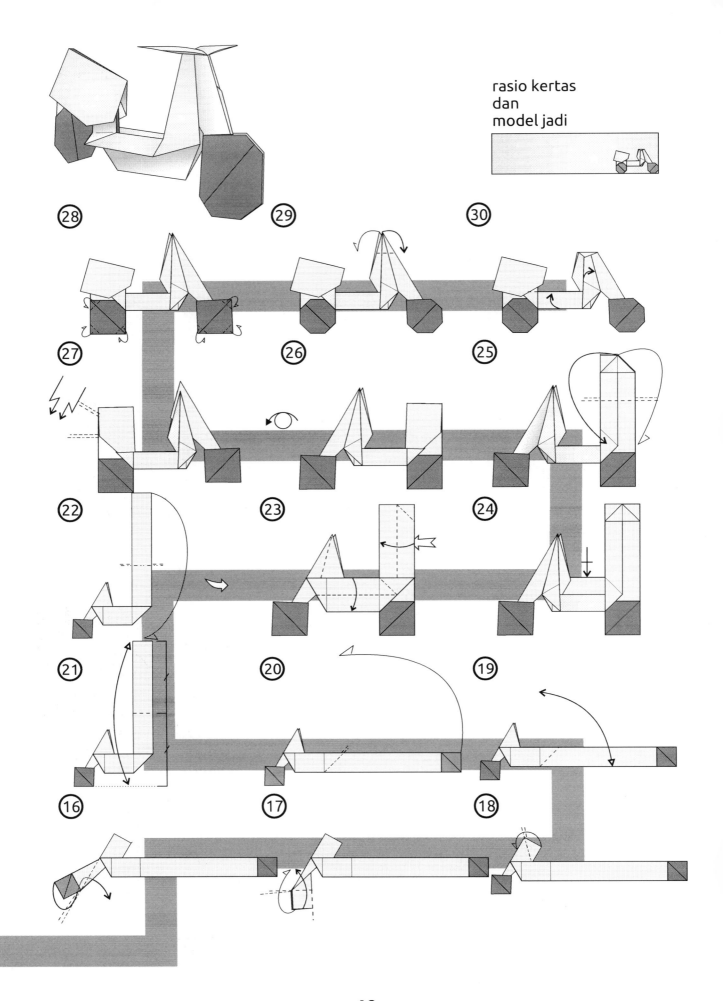

Mobil
Car

10-11-2017

Gunakanlah kertas yang tipis
thin paper recommended

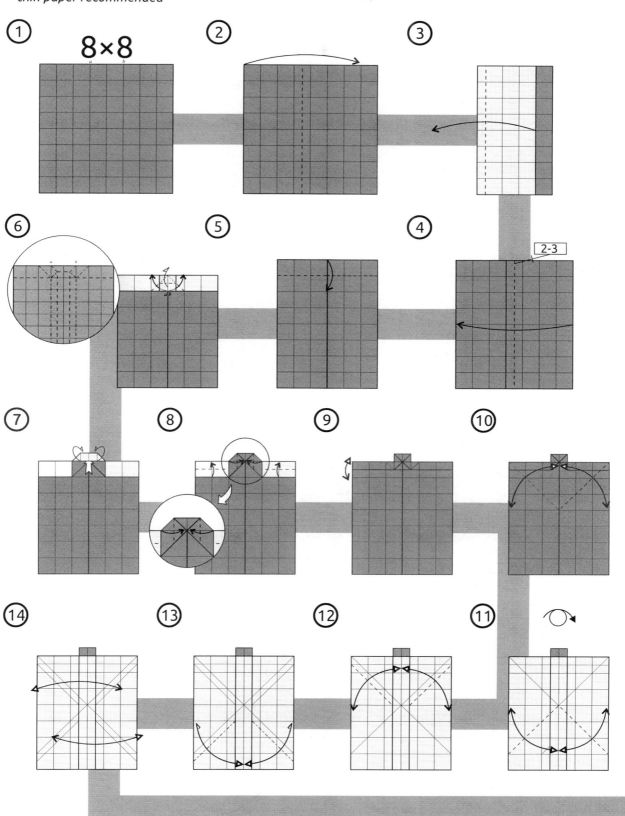

-41-

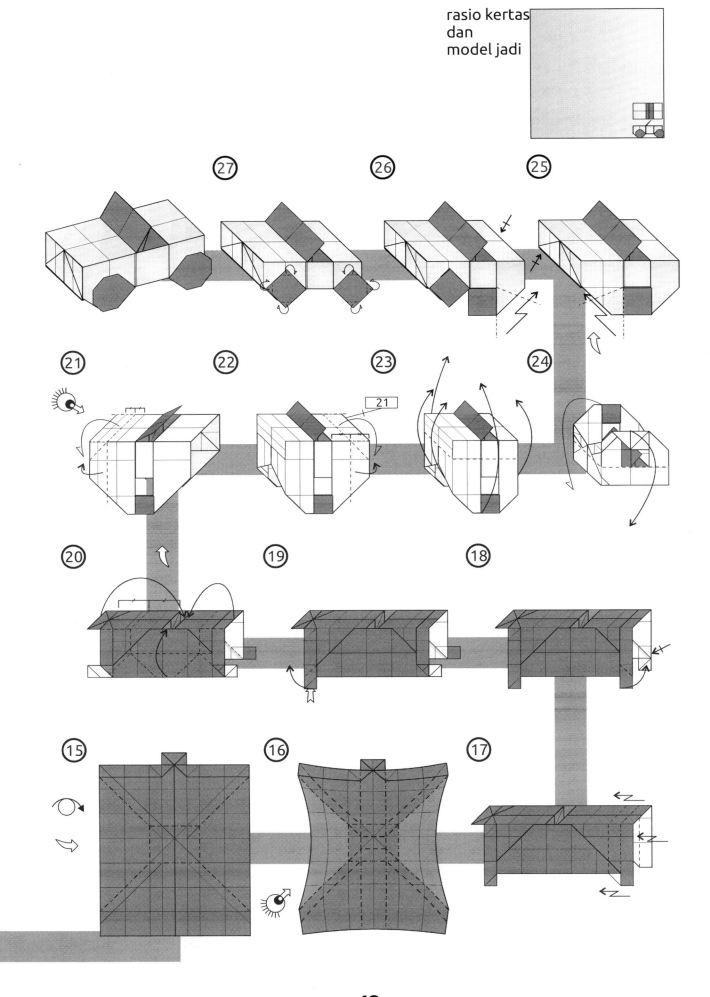

Mobil
Car

14-11-2017

Gunakanlah kertas yang tipis
thin paper recommended

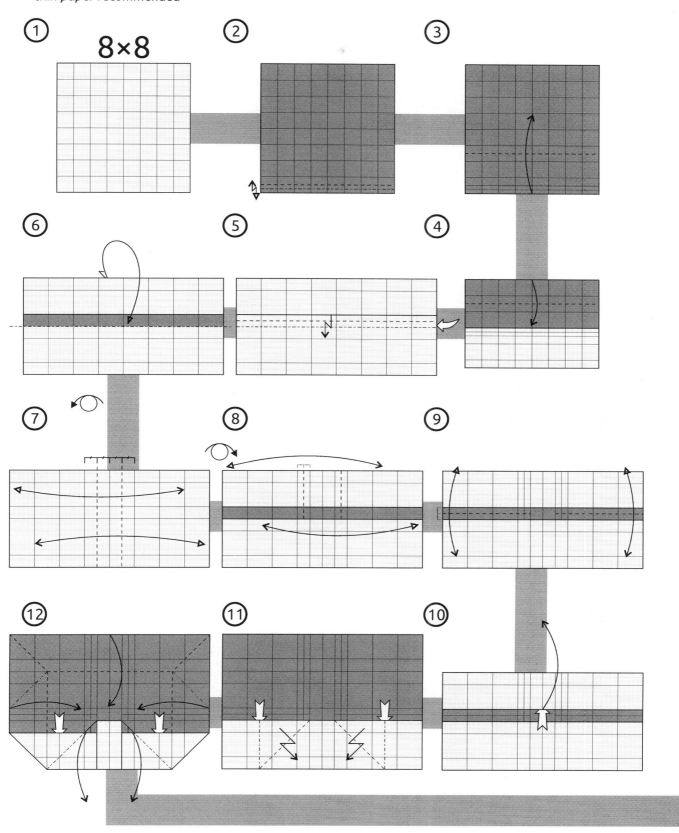

-43-

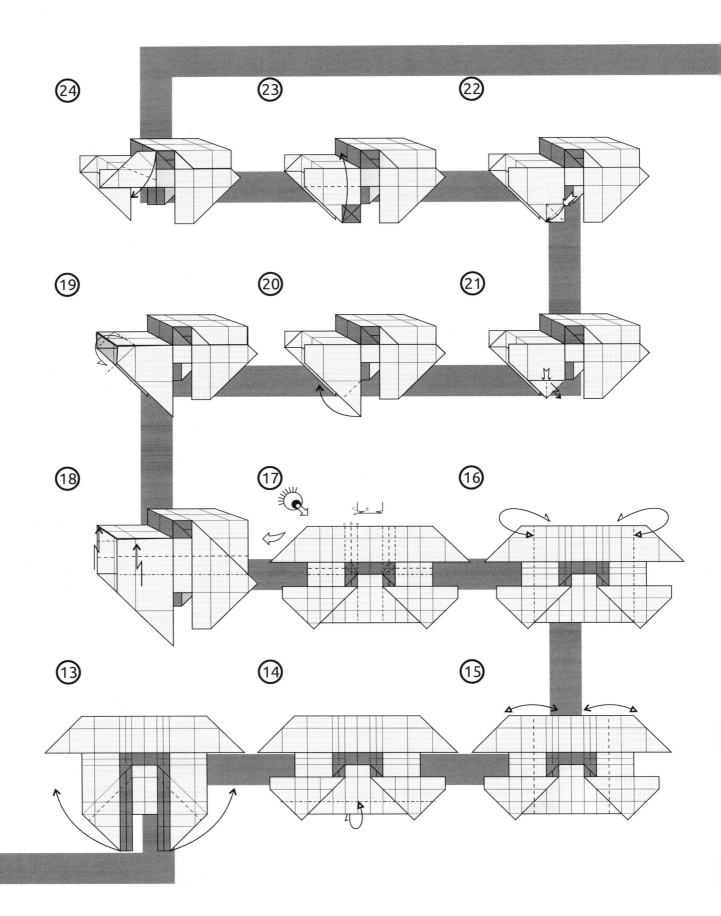

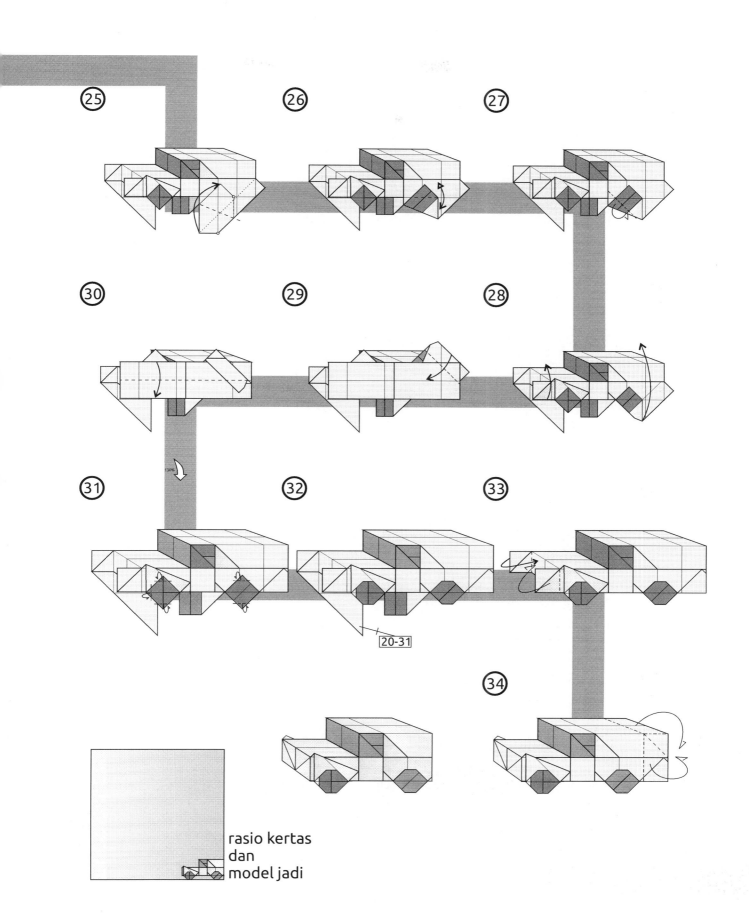

Mobil
Car

4-4-2018

Gunakanlah kertas yang tipis
thin paper recommended

9×9

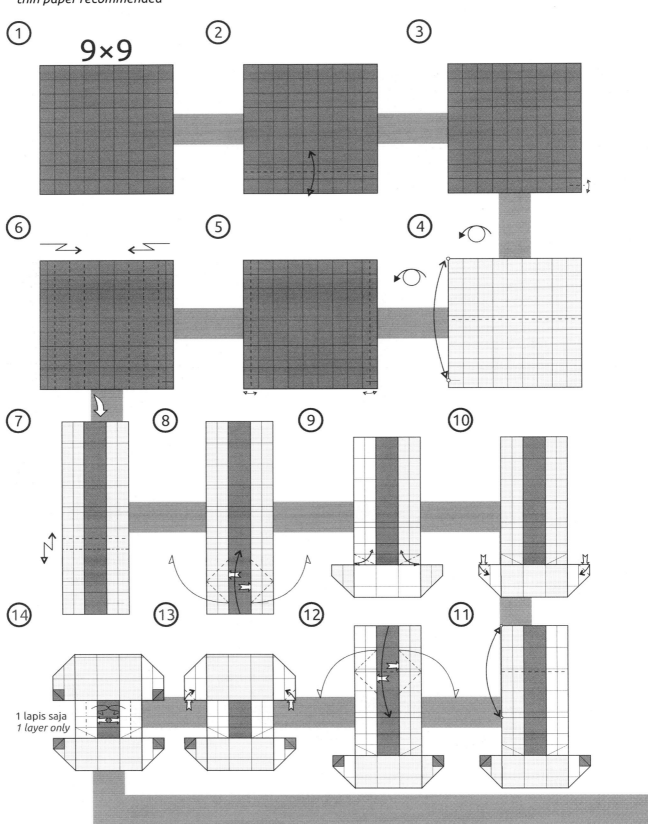

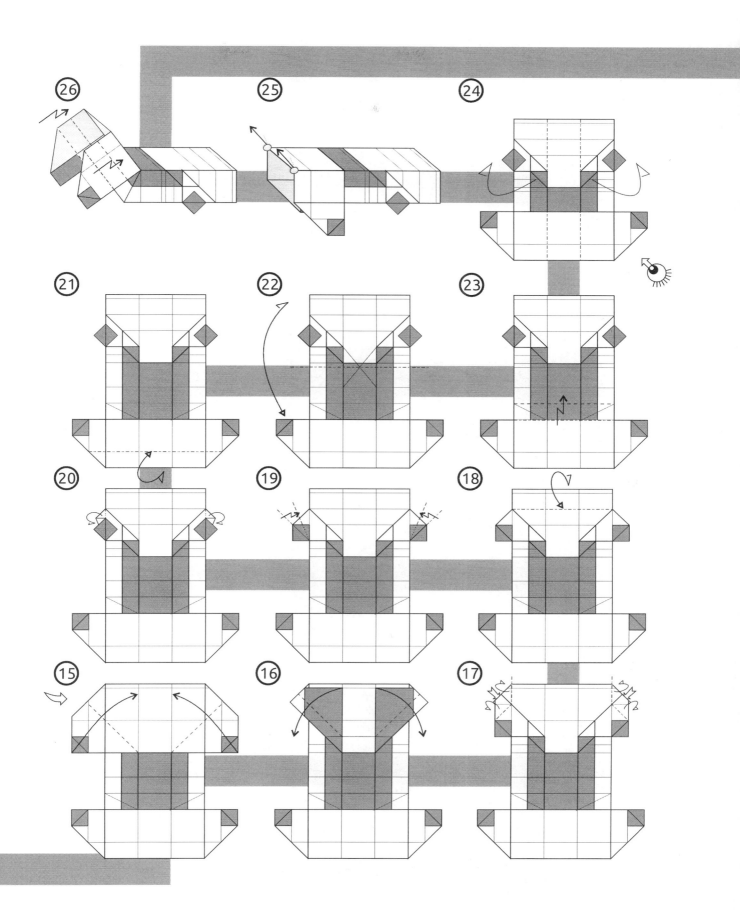

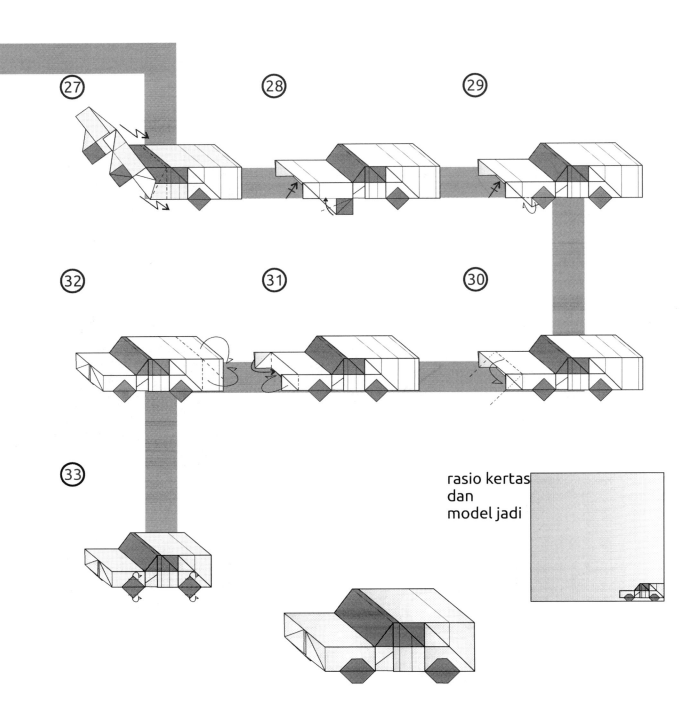

rasio kertas dan model jadi

Mobil
Car

9-2018

Gunakanlah kertas yang tipis
thin paper recommended

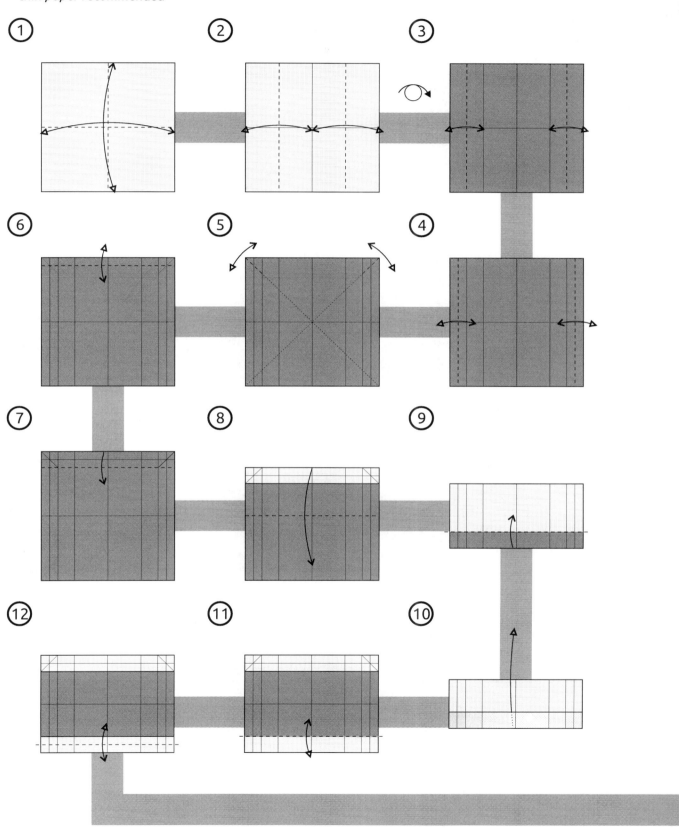

-49-

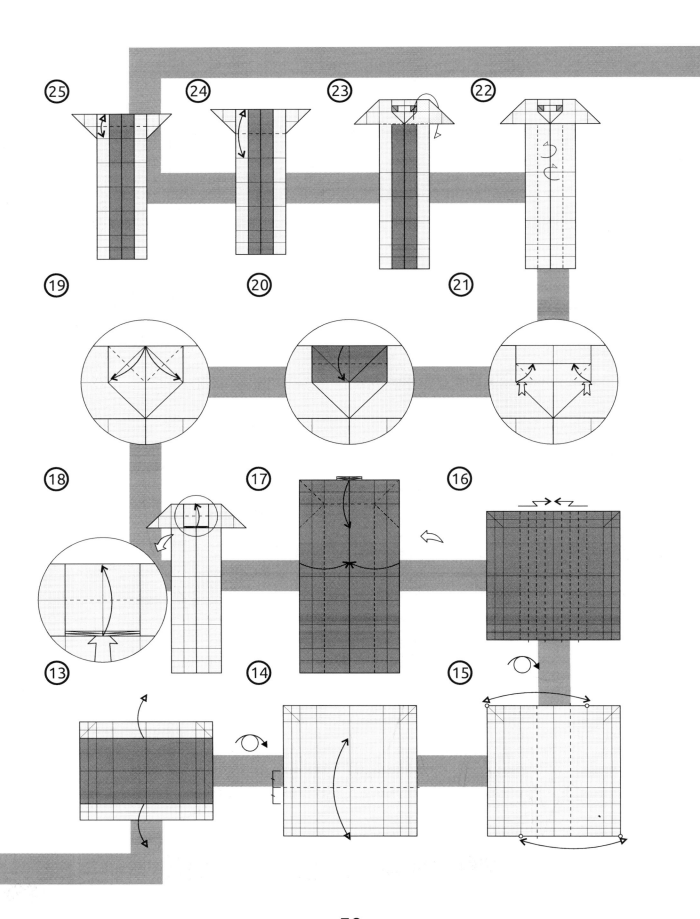

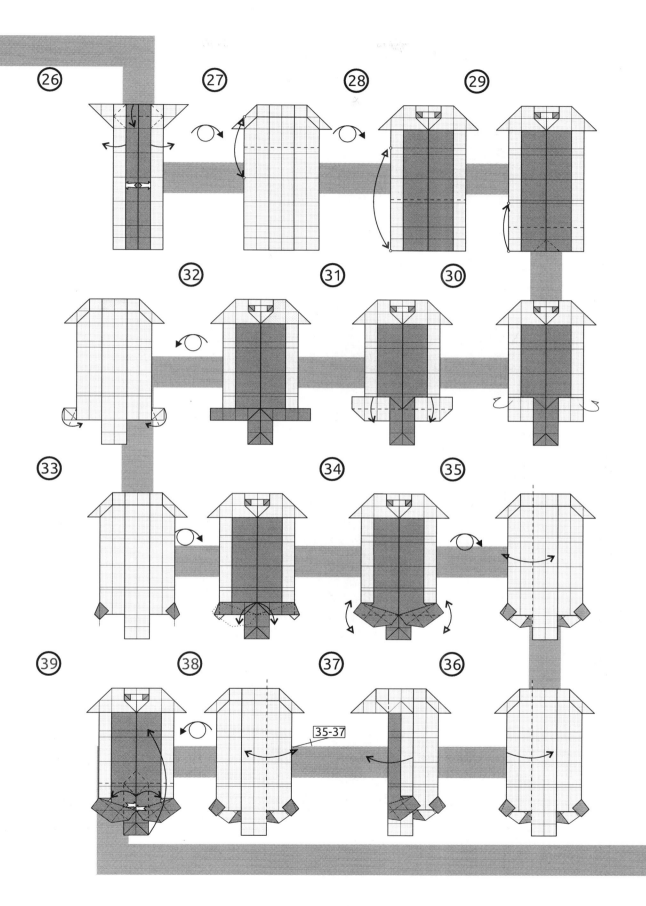

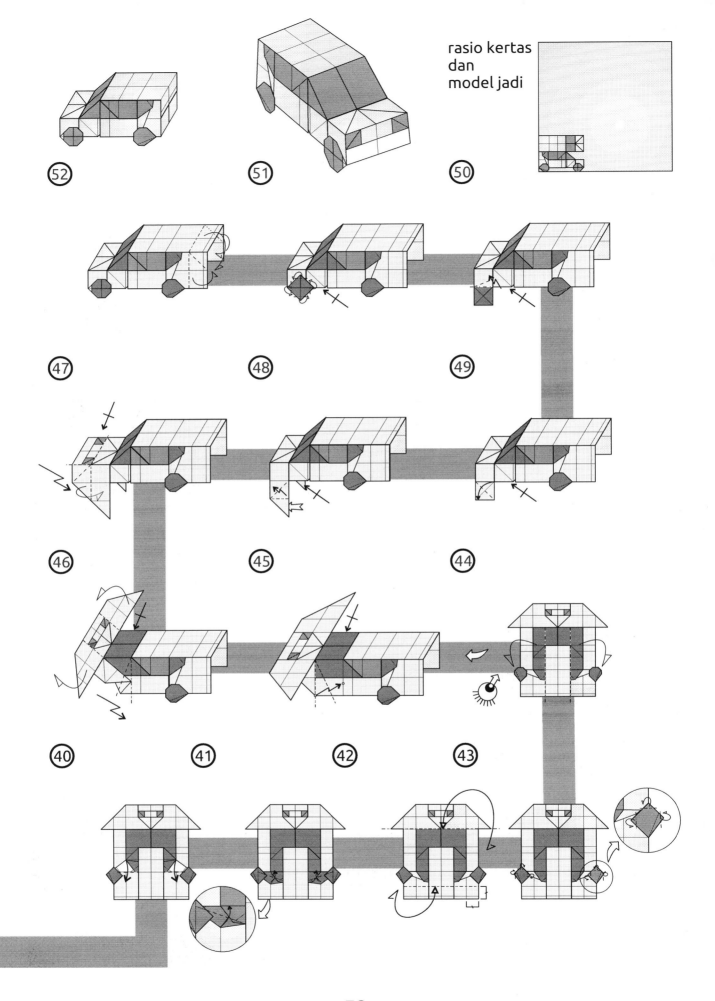

Bus

3-8-2018

Gunakanlah kertas yang tipis
thin paper recommended

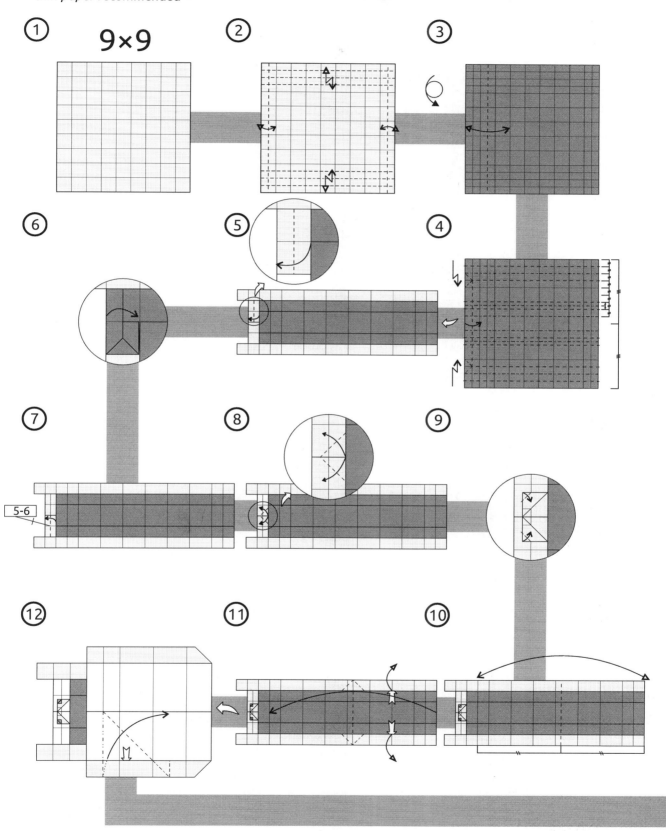

-53-

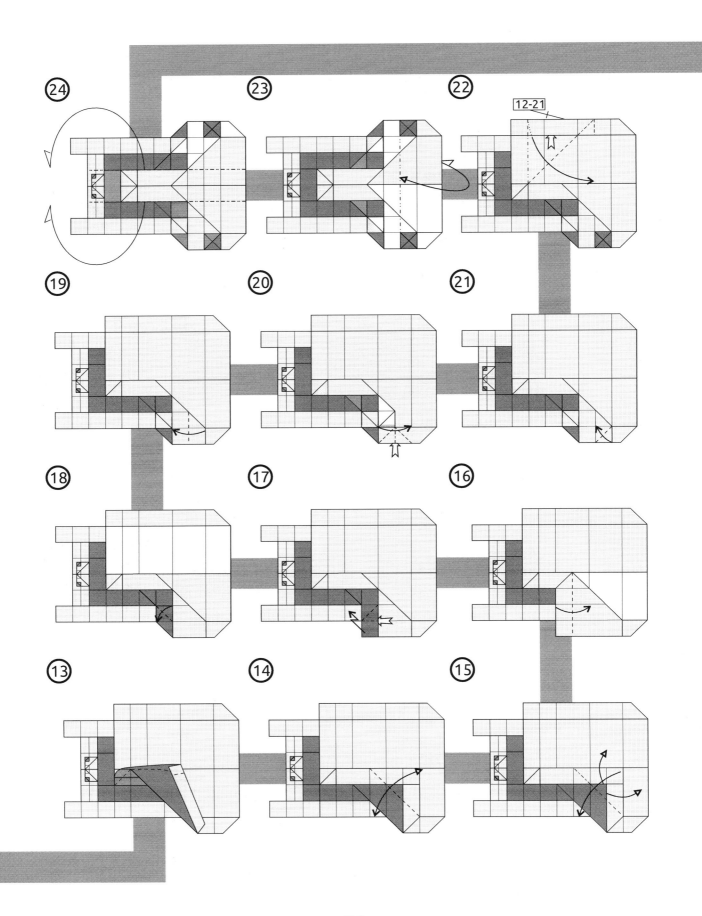

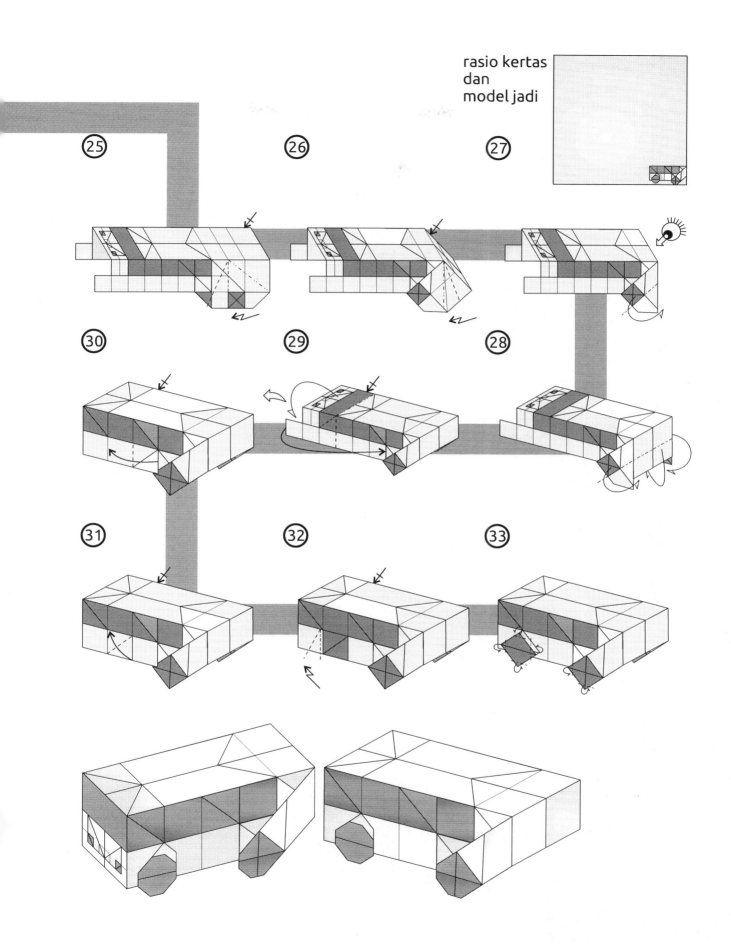

rasio kertas dan model jadi

Truk
Truck

27-11-2017

Gunakanlah kertas yang tipis
thin paper recommended

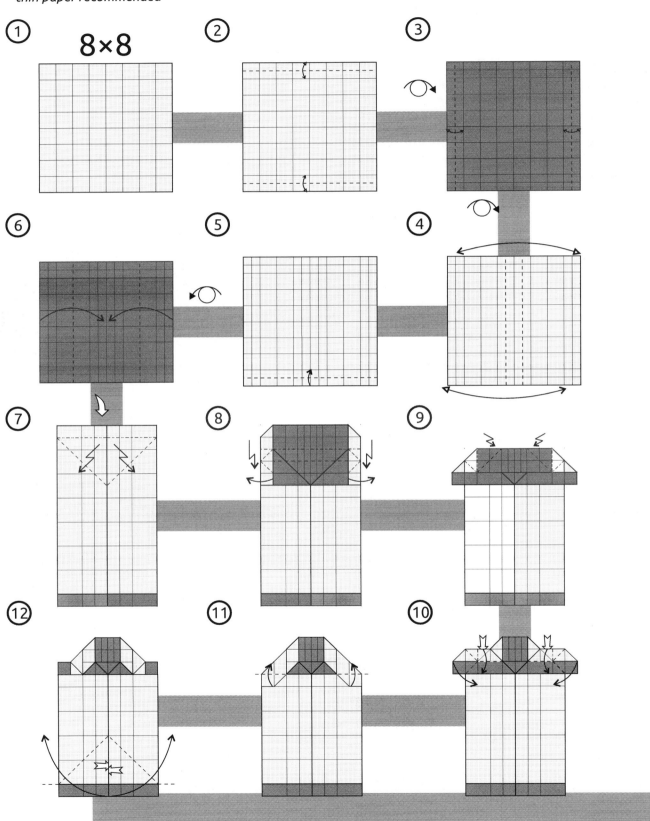

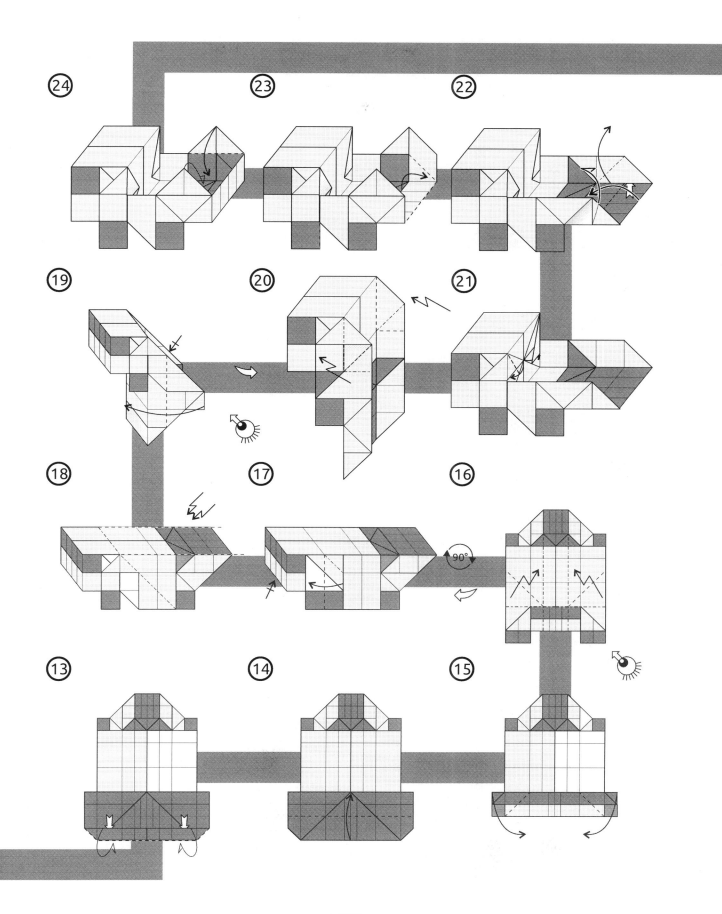

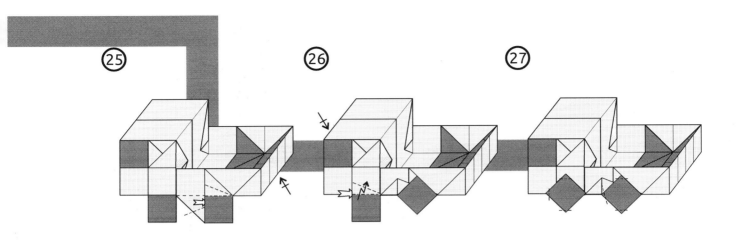

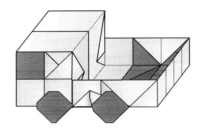
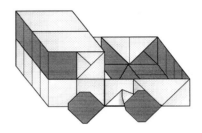

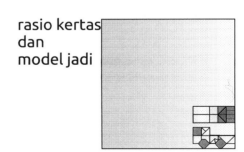

rasio kertas dan model jadi

Tank

5-10-2017

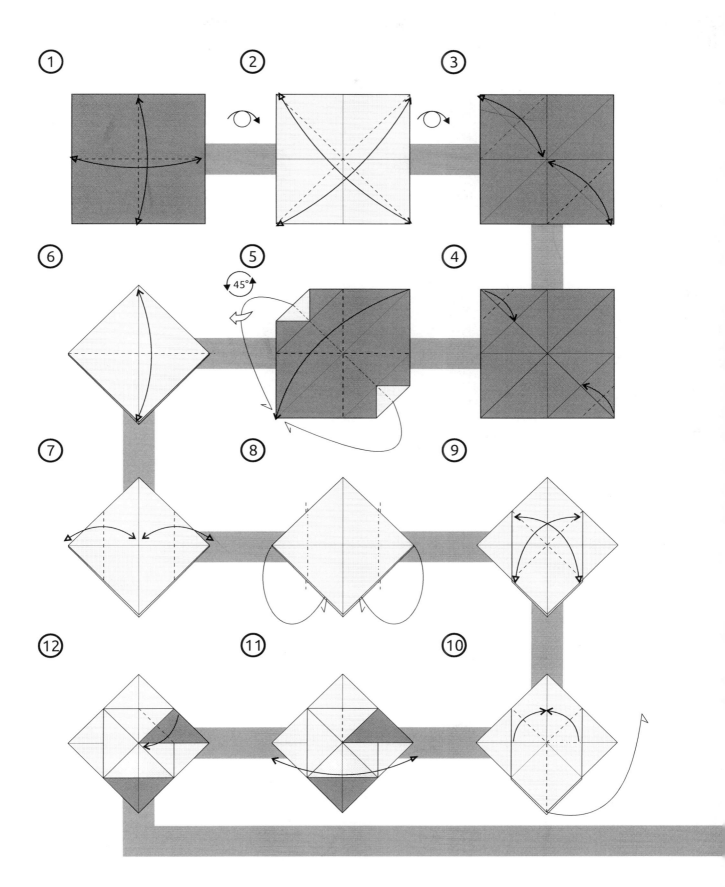

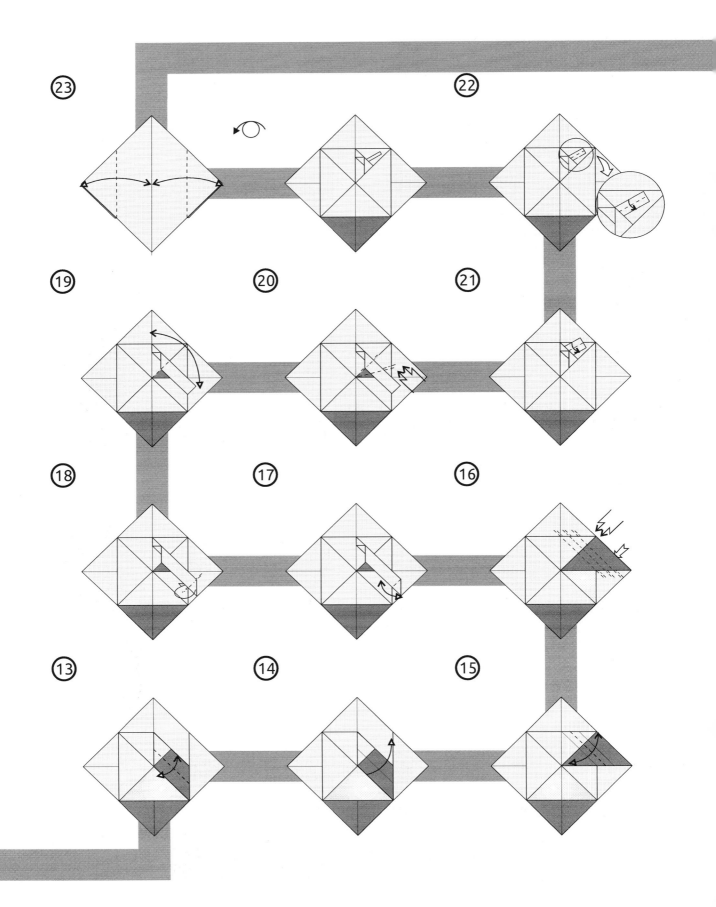

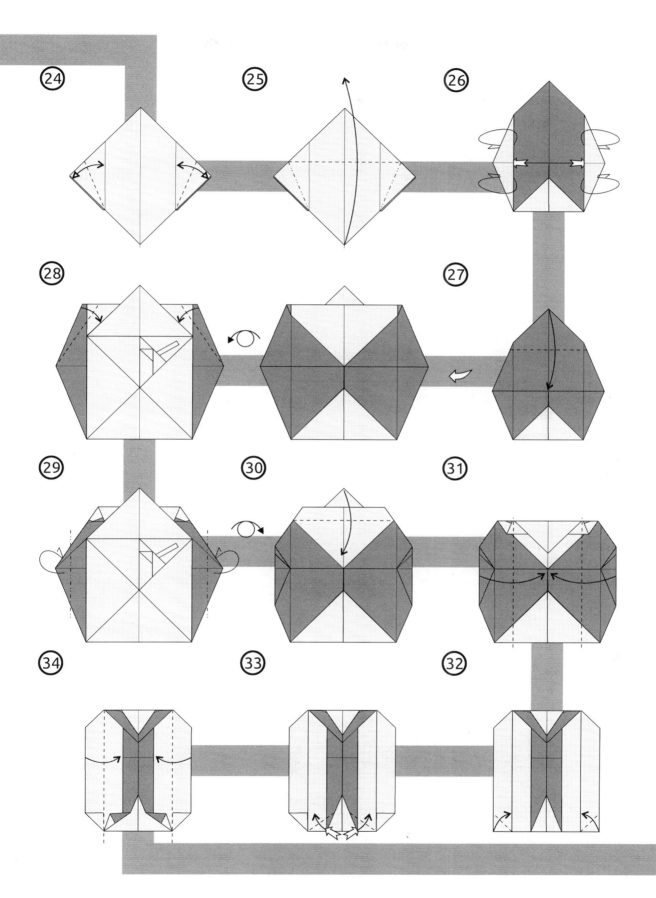

paper to finished model size ratio
rasio kertas dan model jadi

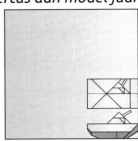

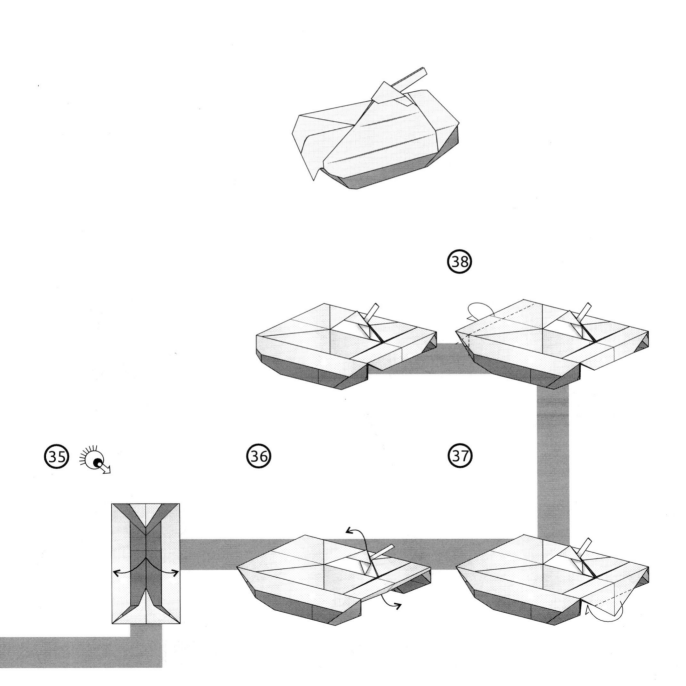

㉟ ㊱ ㊲ ㊳

Pesawat Terbang
Airplane

1-10-2017

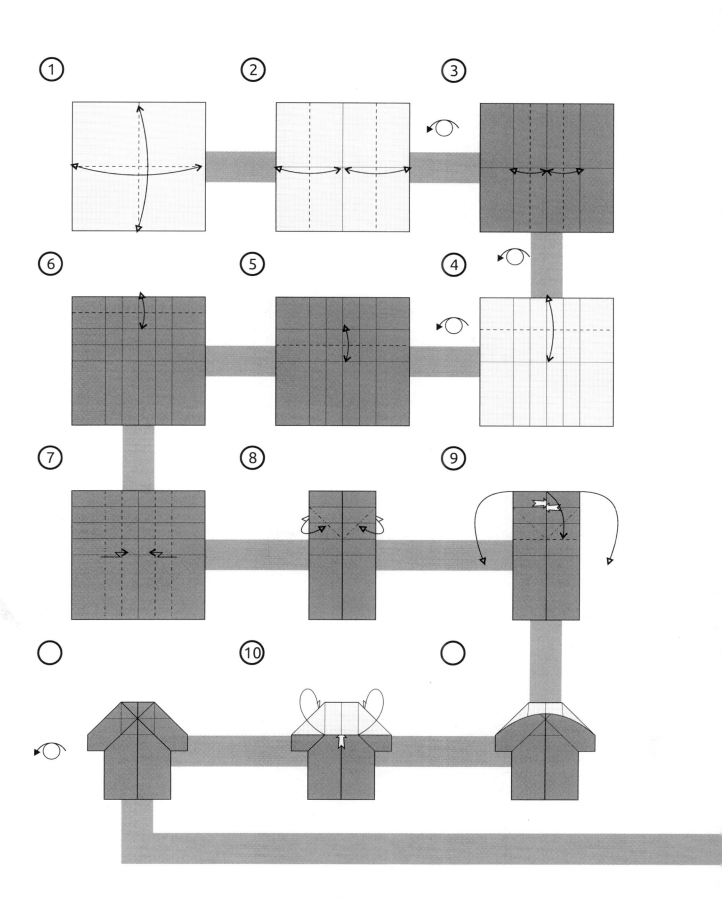

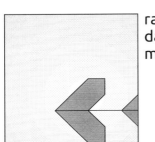

rasio kertas dan model jadi

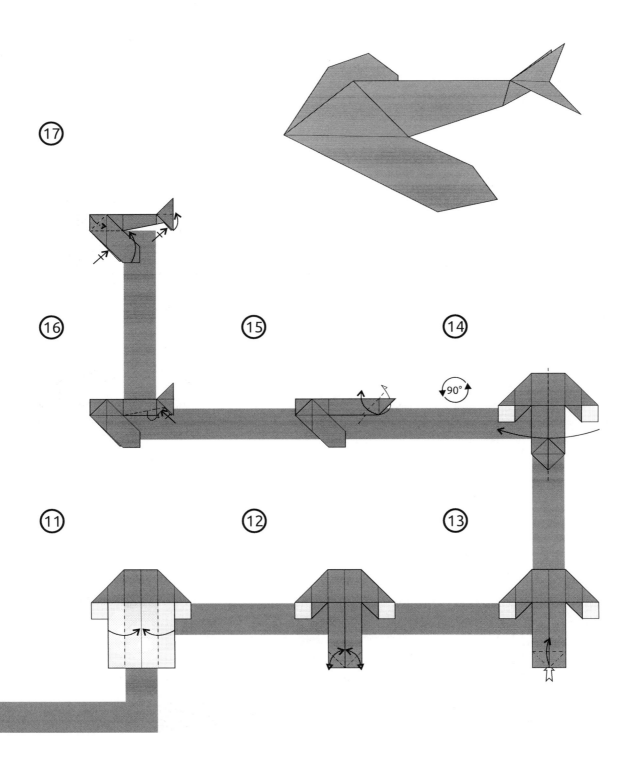

Pesawat Terbang

3-2018

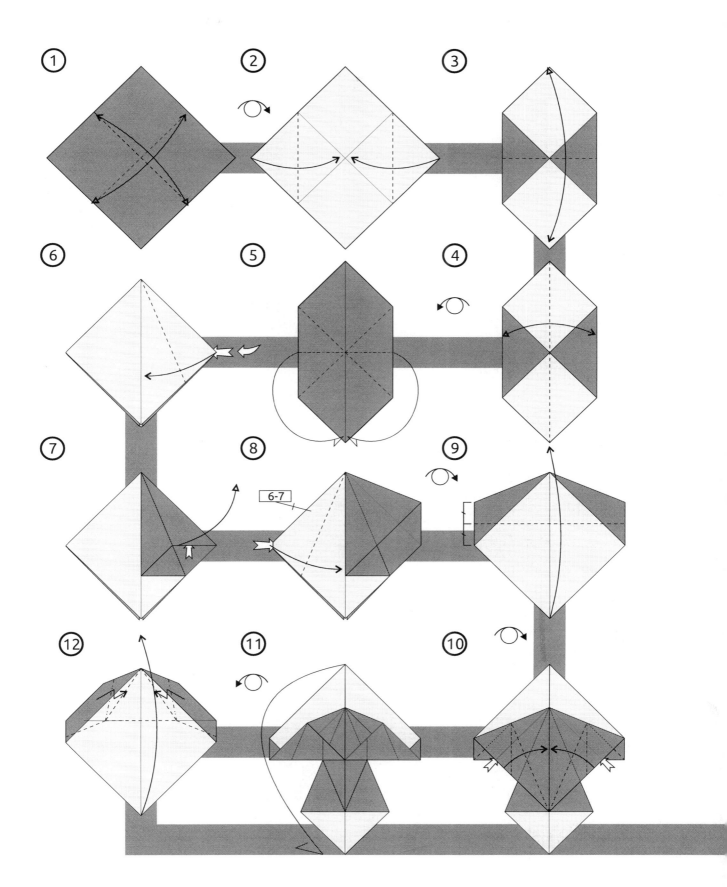

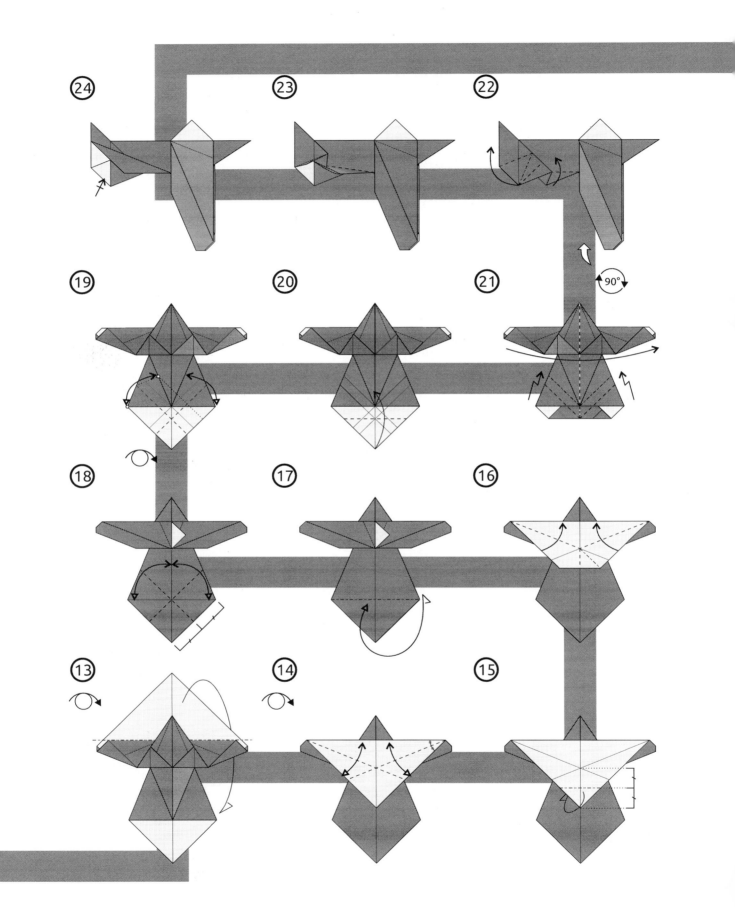

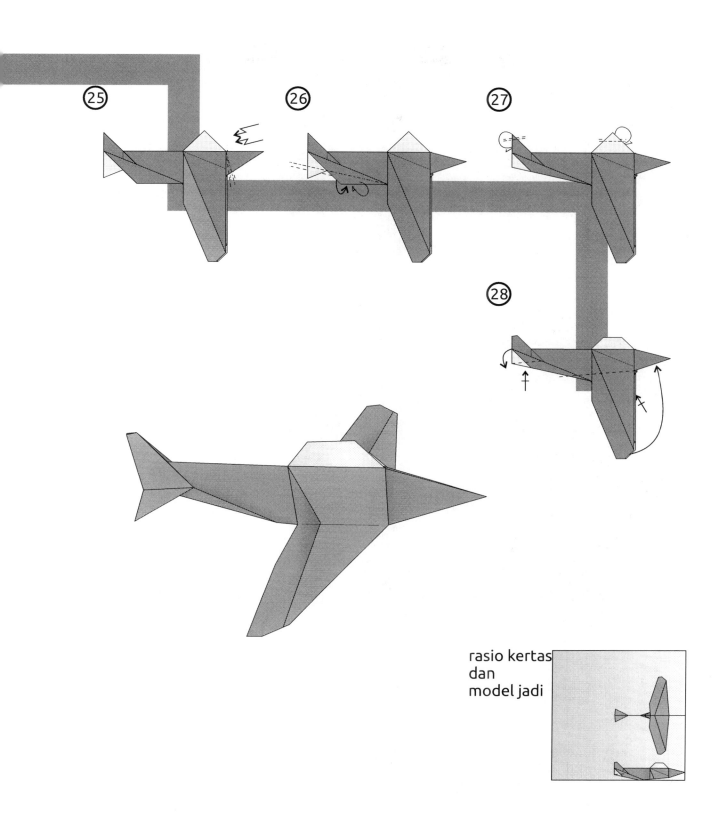

rasio kertas
dan
model jadi

Macam-macam kerajinan kayu

Toko HarTha
https://www.tokopedia.com/toko-hartha/
https://www.facebook.com/tokohartha/

Made in the USA
Monee, IL
09 August 2020